图解 **精益制造** *062*

智能工厂体系

IoT、AI、RPAで変わるモノづくり
イラスト図解スマート工場のしくみ

[日] 松林光男 监修
[日] 川上正伸、新堀克美、竹内芳久 编著

陶俊平 译

人民东方出版传媒
People's Oriental Publishing & Media
东方出版社
The Oriental Press

图字：01-2019-1466 号

IRASUTOZUKAI SMARTKOUJYOUNOSHIKUMI
Copyright © 2018 Mitsuo Matsubayashi / Masanobu Kawakami / Katsumi Niihori / Yoshihisa Takeuchi
All rights reserved.
First original Japanese edition published by NIPPON JITSUGYO PUBLISHING Co., Ltd.
Chinese (in simplified character only) translation rights arranged with NIPPON JITSUGYO PUBLISHING
Co., Ltd.
through CREEK & RIVER Co., Ltd. and CREEK & RIVER SHANGHAI Co., Ltd.

中文简体字版专有权属东方出版社

图书在版编目（CIP）数据

智能工厂体系 /（日）松林光男 监修；（日）川上正伸，（日）新堀克美，（日）竹内芳久
编著；陶俊平 译. —北京：东方出版社，2019.9
（精益制造；062）
ISBN 978-7-5207-1165-4

Ⅰ.①智… Ⅱ.①松… ②川… ③新… ④竹… ⑤陶… Ⅲ.①智能制造系统—制造工业—研
究 Ⅳ.①F407.4

中国版本图书馆 CIP 数据核字（2019）第 180079 号

精益制造 062：智能工厂体系
(JINGYI ZHIZAO 062: ZHINENG GONGCHANG TIXI)

监　　修：[日] 松林光男
编　　著：[日] 川上正伸　新堀克美　竹内芳久
译　　者：陶俊平
责任编辑：崔雁行　高琛倩
出　　版：东方出版社
发　　行：人民东方出版传媒有限公司
地　　址：北京市朝阳区西坝河北里 51 号
邮　　编：100028
印　　刷：北京文昌阁彩色印刷有限责任公司
版　　次：2019 年 11 月第 1 版
印　　次：2019 年 11 月第 1 次印刷
开　　本：880 毫米×1230 毫米　1/32
印　　张：9.75
字　　数：188 千字
书　　号：ISBN 978-7-5207-1165-4
定　　价：68.00 元
发行电话：(010) 85924663　85924644　85924641

前　言

现在为什么需要智能工厂的知识

本书是作为自上市以来受到好评的《工厂管理机制》（中文版已由东方出版社出版）一书的后续篇来写的。最近几年，制造业周围的环境正在发生巨大变化。下述两个方面的变化尤其显著：

第一个方面，随着海外工厂用工成本的上升，对海外工厂优势的再次评估变得越来越迫切；第二个方面，随着工厂中IT、IoT、AI、RPA的普及，技术面正在发生巨大变化。

工厂运转情况的"可视化"，通过机械设备的故障预测、不良削减、成品率提升来削减成本、提高生产效率等，IoT、AI等的应用时机正在急速迫近。

前一本书《工厂管理机制》中，以工厂业务体系为中心，对制造业的整体业务体系进行了解说，本书将对现代制造业务的重大课题——工厂、制造业的IT、IoT、AI及RPA进行详细的解说。向制造企业、IT企业的员工们传递这些基本知识是非常重要的，这是执笔本书的动机。

学习先进的应用案例，推进制造业的全球化

本书选取了美国制造业先进的全球IT案例，献给正在展开全球化事业的日本制造业的相关人员。

建议想要更加深入理解工厂、制造业的IT、IoT、AI及RPA的诸位，以及想要学习工厂业务体系、制造业务体系知识的诸

位，读完《工厂管理机制》后，再读本书。

对制造业来说，以下三项是重点：

（1）提升本公司的绩效

工厂中的主要管理项目是：Q（品质）、C（成本）、D（交期）。

（2）提升本公司产品、服务的附加价值

功能的提高及用户的使用便利性的提高等。

（3）开创新的事业

对外销售本企业开发、应用的智能工厂体系（系统）等。

本书在执笔、编辑期间，最关心的是那些没有制造业、工厂中的知识与经验的学生，及制造业相关员工，希望他们能学习并掌握"制造业"的重要性及"先进的工厂架构"的基本知识。这里包括下述两点：

第一点：制造业是自己国家的支柱产业，希望有更多的学生能拥有制造业方面的兴趣，理解其重要性及工作的价值，就职于制造业，推进制造业未来的发展。

第二点：希望各位制造业的从业人员、为制造业提供IT服务的企业从业人员，通过学习"工厂的IT、IoT、AI、RPA"的知识，为制造企业客户提供附加价值更高的服务。

智能工厂的构筑

以下表示的是约50年以来，"工厂支持系统的发展历史及智能工厂的定位"。

建议从BOM（物料清单）、MRP的修改、再建开始，切实地完善IT软件领域、推进自动化，对进展程度、完善程度进行

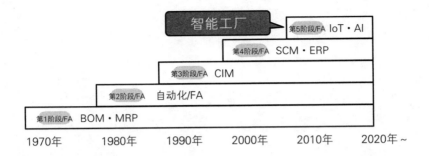

智能工厂

第5阶段/FA IoT・AI

第4阶段/FA SCM・ERP

第3阶段/FA CIM

第2阶段/FA 自动化/FA

第1阶段/FA BOM・MRP

1970年　　1980年　　1990年　　2000年　　2010年　　2020年~

评估，向着实现智能工厂而努力。

　　本书如果能为各位读者的工作，及读者所在企业的发展助一把力，我将感到非常荣幸。希望各位读者的事业蒸蒸日上！

松林光男

2018 年 7 月

目　录

第1章　工厂经营与产品制造体系

第2章　为工厂业务提供支持的基准信息与信息系统

第3章　最新供应链全貌

第4章 支持产品制造的重要功能与世界最新状况

第5章　IoT在工厂中的应用

第6章　AI、大数据、RPA 在工厂中的应用

第7章　为了在竞争中生存的全球 IT 战略

第 1 章

工厂经营与产品制造体系

1-1 工厂的基础是 QCD 管理

工厂不仅仅是制造产品

工厂生产活动中，交付的产品中混入了不良品、产品的价格不合理、不能按约定的交期交付约定的数量，就会失去客户的信任，今后就不会再有订单。

因此，必须要进行生产管理，其目的是通过对生产活动的管理，将"指定的品质、规格"（Quality）的产品按"指定的成本"（Cost）、"指定的数量、交期"（Delivery）生产出来。生产管理的目的就是高效地进行"QCD 管理"。QCD 管理不仅是 Q 或 C 等个别项目的达成，更重要的是让 QCD 同时均衡地达成。

QCD 分别怎样管理

在当初导入"品质管理（Q）"时，通过出货检查截断了不良品的流出，现在已经变成通过产品设计、制造的各个阶段将品质融入到制造活动中。即，从通过检查挑出不良品的想法，改变成将品质融入到制造过程中。

在考虑"成本管理（C）"的时候，应该知道成本是由"材料费""劳务费""经费"构成的。比如，在生产面包的时候，材料费包括面粉、砂糖、油、鸡蛋、小豆等，劳务费是面包师、事务人员的工资，经费包括店铺和工厂的租金、水电费、烤面包机等设备与器具的折旧费等。制造成本的要点是除了材料以外，发生的劳务费、经费等。

"数量/交期管理（D）"在制造工程管理中很重要。在出货阶段才发现交期延迟、数量不足就晚了。不是在最终的出货阶段，而应该在制造工程的早期阶段对进度进行确认，如果在这时发现工程完成时间晚了、数量不足了，立即考虑对策，尽最大的努力来保证已经与客户约定的交期、数量，这才是重要的。

❉ 什么是 QCD 管理?

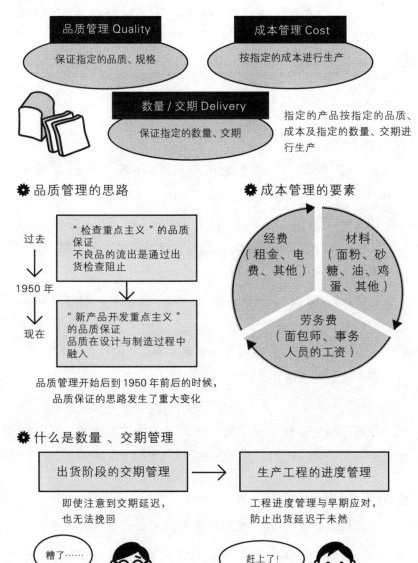

品质管理 Quality

保证指定的品质、规格

成本管理 Cost

按指定的成本进行生产

数量 / 交期 Delivery

保证指定的数量、交期

指定的产品按指定的品质、成本及指定的数量、交期进行生产

❉ 品质管理的思路

过去

↓

1950 年

↓

现在

"检查重点主义" 的品质保证
不良品的流出是通过出货检查阻止

"新产品开发重点主义" 的品质保证
品质在设计与制造过程中融入

品质管理开始后到 1950 年前后的时候,品质保证的思路发生了重大变化

❉ 成本管理的要素

经费
(租金、电费、其他)

材料
(面粉、砂糖、油、鸡蛋、其他)

劳务费
(面包师、事务人员的工资)

❉ 什么是数量 、交期管理

出货阶段的交期管理 → 生产工程的进度管理

即使注意到交期延迟,也无法挽回

工程进度管理与早期应对,防止出货延迟于未然

糟了……

赶上了!

1-2 实现 QCD 改善的 PDCA 与管理指标

什么是 PDCA？

在制造业中，很多企业在进行 QCD 改善时，应用了"PDCA"的手法。PDCA 是"Plan""Do""Check""Action"首字母的省略语。

①**Plan（计划）**：针对 QCD 改善制订现实可行的计划；

②**Do（实施）**：实施计划；

③**Check（评价）**：确认结果，计划未达成时，制订达成计划的改善对策；

④**Action（改善）**：实施改善对策，确认达成计划的效果后，将改善对策进行系统化。

PDCA 不仅进行一次，为了不断改善 QCD 水平，应该不断反复循环实施。这种不断反复循环的改善活动，让 PDCA 看起来就是一个转动的样子，因此称为 PDCA 环（PDCA 循环）。

设定管理指标（KPI）

在进行 QCD 改善时，必须设定目标，根据目标确认改善效果时，需要利用"管理项目"（KPI，Key Performance Indicator）。管理指标是将 PDCA 改善活动的成果用数据来管理，单纯地用数字来表达结果是没有意义的。将量化的结果用于今后的改善活动才是重要的。

例如，数量、交期的管理指标中，设定了交期达成率。全公司所有产品的交期达成率合计为 80% 的数量化结果是非常重要的，但仅有这个对后面的改善没有什么参考作用。重要的是掌握"哪个地方、如何不好"这样的具体事项。对全公司以后所有产品进行一次统计，如果可以掌握各个产品、各个工厂、各个月份出货的数字，基本上可以缩小问题所在的范围。再进行一次统计，按各产品>各个工厂、各个工厂>各个阶段等，将大块划小，重新区分进行结果确认，可以获得更具体的改善对策提示。

❀ 什么是 PDCA 循环

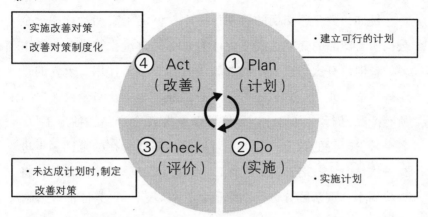

- ·实施改善对策
- ·改善对策制度化

④ Act（改善）

① Plan（计划）

- ·建立可行的计划

③ Check（评价）

② Do（实施）

- ·未达成计划时,制定改善对策

- ·实施计划

❀ 管理指标(KPI)要考虑各个角度

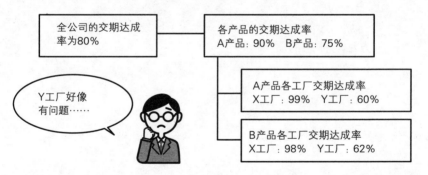

全公司的交期达成率为80%

各产品的交期达成率
A产品: 90% B产品: 75%

Y工厂好像有问题……

A产品各工厂交期达成率
X工厂: 99% Y工厂: 60%

B产品各工厂交期达成率
X工厂: 98% Y工厂: 62%

▼观察各工厂的各阶段交期情况……

原来如此!
Y工厂在1阶段发生了异常

各工厂交期达成率
X工厂: 99% Y工厂: 61%

X工厂各阶段交期达成率
1阶段: 99% 2阶段: 98%

Y工厂各阶段交期达成率
1阶段: 32% 2阶段: 90%

关注

1-3 | 什么是品质管理体系，其追求的目的是什么

品质是由客户决定的

所谓品质，在 JIS 中的定义是"用于判定产品或/及服务是否能满足使用目的的一组固有的性质、性能的总和"。战后不久，品质的基准是："产品的品质是指与规格的符合程度"，现在追求的是："包括产品在内的所有服务的品质与顾客要求的符合程度"。为了满足这些，针对"产品及服务的质"，需要提高"工作方法与体系的质"。

"品质管理"是指"包括产品在内的所有服务，针对顾客的期望，通过 PDCA 循环、综合的维护，与改善产品、工作方法，以'好的产品、更便宜的价格、在需要的时候，可以安全使用地'提供给顾客"。

品质管理活动包括：①在日常业务中，为保证品质不脱离目标而进行的维护、管理的活动；②通过品质保证提高顾客满意度的改善活动等。将这两个活动进行良好的组合，实施改善、维护，并切实地进行不断的反复。

然而，万一发生品质不合格时，要立即进行应对，面向客户、消费者、市场要立即行动，采取临时对策，企业内部重要的是要进行原因分析。在追查、分析原因时，企业内各相关部门都要参加，并且要制定解决办法。

什么是品质保证？

为了向顾客保证本企业产品、服务的品质，开展的面向生产全过程的活动称为"品质保证"（QA：Quality Assurance）。

品质保证重要性上升的背景包括两点，即：①品质管理的重点不仅在于品质本身，还要考虑经济性、生产性等；②在顾客对高品质的追求下，通过严格的管理，高品质水平成为了现实。

✿ 工厂中的品质PDCA循环

各种各样的PDCA循环

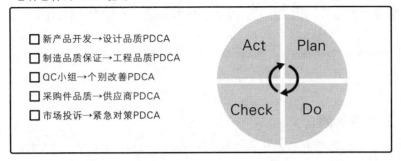

- ☐ 新产品开发→设计品质PDCA
- ☐ 制造品质保证→工程品质PDCA
- ☐ QC小组→个别改善PDCA
- ☐ 采购件品质→供应商PDCA
- ☐ 市场投诉→紧急对策PDCA

Act　Plan
Check　Do

品质口号
　后工程是客户！提供品质！全数品质保证

品质铁律
　不接受不良、不制造不良、不流出不良

✿ 不合格对策的基本流程

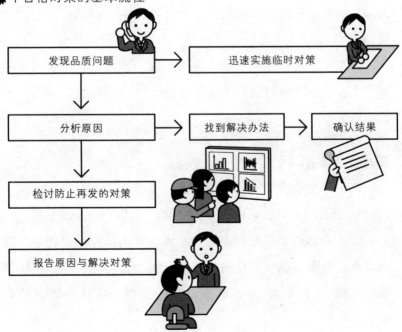

发现品质问题 → 迅速实施临时对策

分析原因 → 找到解决办法 → 确认结果

检讨防止再发的对策

报告原因与解决对策

1-4 通过成本管理提高效益的机制

降低成本的含义

成本是指产品在生产、销售及服务过程中花费的所有费用。另外，利润是指在一定期间内，销售额与成本的差。可以用公式表示为：利润=销售额-成本。

于是，增加利润的方法有两种，即：增加销售量、提高产品价格来增加销售额、降低成本。但增加销售量不是一件简单的事，而价格是由市场根据竞争规律决定的，不是自己能随便决定的。

所以，企业首先要做的是采取手段，通过自己的努力来降低成本，例如，通过公司上下齐心协力，即使销售量下降也能确保利润。

实现盈利的体制

在说明企业整体盈利状况时，经常使用"总资产回报率"（ROA：Return On Asset），即企业所拥有的资产产生的利润。

ROA可以用销售利润率与表示资产利用情况的周转率的乘积表示。如果用跑步来比喻，销售利润率为步幅，资产周转率就是走的步数，二者相乘就是跑步的速度，这样应该容易理解了。

具有代表性的销售利润管理手法是，对和销售成比例的采购物品这样的变动费用，与土地、建筑等固定费用进行区分的成本管理办法。通过第 014 页图应该容易理解，为了增加工厂的销售利润率，①降低变动费用的单价，②降低固定费用，其中任何一项都是必要的。

另外，为了提高资产回报率，制造的任务是削减库存。不仅是原材料、中间品、完成品，还包括工程上的在制品等所有库存，这些都是管理的对象。通过合理的改善，缩短生产周期是很重要的。

工厂的成本管理与作用

在工厂中管理的费用，可以分为材料费、劳务费和经费三大类。为了管理这些，应该进行（1）每年的预算管理、与之关联的各部门成本目标的设定，以及产品开发时的成本企划；（2）对成本改善活动的成果进行收集、汇报。

✿从总资产回报率看盈利机制

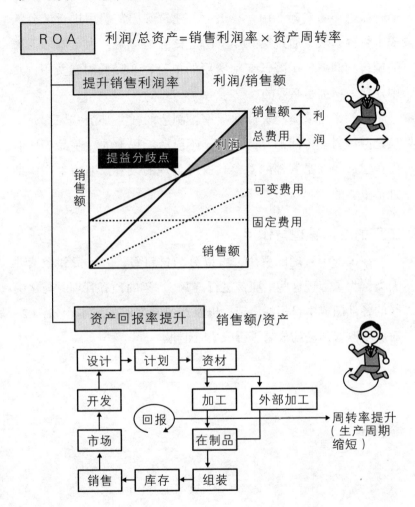

ROA 利润/总资产＝销售利润率×资产周转率

提升销售利润率　利润/销售额

销售额

提益分歧点

销售额
总费用
利润

利润

可变费用

固定费用

销售额

资产回报率提升　销售额/资产

设计 → 计划 → 资材

开发　　　加工　外部加工

回报　　　　　　　　周转率提升
（生产周期
市场　　　在制品　　缩短）

销售 ← 库存 ← 组装

1-5 生产管理在广泛的领域中保障生产的顺利进行

生产管理的职能有哪些？

生产管理可以理解为制订生产计划，并对交期与库存进行管理。广义地讲，包括品质（Q）、成本（C）、数量/交期（D）的平衡管理。具体地讲，主要是对以下方面进行管理：

（1）**制订生产计划及其他基本计划**。根据产品生产相对应的生产数量和生产时间相对应的生产计划，确定生产能力及人员计划。

（2）**基准信息管理**。对物料信息、产品构成信息、工程及设备相关信息等生产管理基准信息进行管理。

（3）**物料需求计划**（MRP：Material Requirement Planning）。根据生产计划信息、产品构成信息、库存信息来计划零部件、原材料的需求数量和时间。

（4）**采购管理（供应管理）**。配合生产活动，为了从供应商处获得品质合格的零部件、原材料，并按必要的数量、在必要的时间、以经济的成本购入的管理活动。

（5）**库存管理**。为了在必要的时候，将必要的物料，以必要的数量供应给必要的场所，需要维持合适的库存水平而推进的管理活动。

（6）**工程管理**。通过对生产工程进度的把握，调整日常的生产活动，让生产活动能顺利进行而开展生产活动的管理。

生产管理的课题是这样对应的

生产管理中，为了保障交期、减少库存，每天都要开展与时俱进的日常课题活动。为此，要组织相关部门，对下述课题、变化进行灵活应对：

- **根据预测还是实际需求进行判断**

→如何预测、预测不准时如何调整

- **必要的协同作业**

→如何改善向协同部门传递信息的方法；资材、治工具如何预订

- **未预见到的变更多发**

→如何应对生产设备的故障、员工缺勤、零部件不良、设计变更、需求急剧变化等状况

- **现状是不断变化的**

→如何及时把握时刻变化着的库存状况和生产进度

❀ 生产管理的覆盖范围

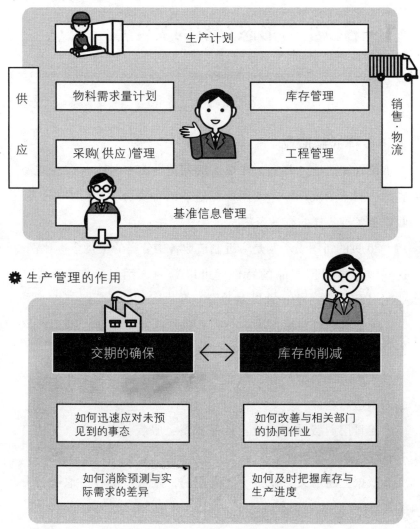

❀ 生产管理的作用

1-6 | 生产形态分类的关注点与要点

多种多样的制造业

说到制造业，其实，在世上的制造业有多种多样。在总务省的"日本的统计"中使用的制造业的种类分为 24 个中分类，收集了各种各样的统计资料。

20 页的饼图表示的是最近制造业各中分类的出货金额比例。这些中分类根据产品的特性，可以分为 3 组，称作"3 类产业"，以下是"3 类产业"的划分：

● 基础原材料型产业：铁、石油、木材、纸等，是生产产业基础原材料产品的制造产业

● 加工组装型产业：汽车、电机、手表等，是生产加工产品的制造产业

● 日用消费品型产业：食品饮料、服装、家具等，是生产衣食住相关产品的制造产业

根据上述定义，在实际产品面前，就可以很容易地进行分类了。

了解制造业按生产形态的分类

除了"3 类产业"外，还有各种各样生产形态的分类方法。从制造类型的角度和生产管理的角度的两种分类方法可以参考

20 页下图。"3 类产品"中的基础原材料型产业可以划分至"流程生产型",加工组装型产业可以划分至"组装生产型"。一个工厂或产品可以归到某一类,石油制品工厂可以归类到"流程生产型",汽车工厂可以归类到"组装生产型"。

然而,从生产管理的角度进行分类的话,就不是根据工厂或产品来划归到某一类了,而是根据分类关注点选择一个。例如:采用"预测生产"来生产"多品种少批量"的产品,用"连续生产"方式投入、"拉动式"进行零部件采购。各种分类详见 1-7~11 的说明。这里请务必理解各自的管理要点和特征。理解了生产管理系统的功能后,一定能有重大收获。

✿ 产业中分类与"3类产业"

产业中分类名	3类	产业中分类名	3类
09食品制造业	生活	21窑业、砖石产品制造业	基础
10饮料、香烟、饮料制造业	生活	22钢铁业	基础
11纤维工业	生活	23非铁金属制造业	基础
12木材、木制品制造业（家具除外）	基础	24金属制品制造业	基础
13家具、装饰品制造业	生活	25通用机械器具制造业	一般设备器具	加工
14纸浆、纸、纸制品制造业	基础	26生产用机械器具制造业		
15印刷及关联产业	生活	27商用机械器具制造业		
16化学工业	基础	28电子零部件等制造业	电气、精密设备器具	加工
17石油、煤炭制品制造业	基础	29电气设备器具制造业		
18塑料制品制造业（另有分类除外）	基础	30信息通讯设备制造业		
19橡胶制品制造业	基础	31运输设备器具制造业		
20皮革制品等	生活	32武器及其他		生活

✿ 制造业的中分类出货金额比例

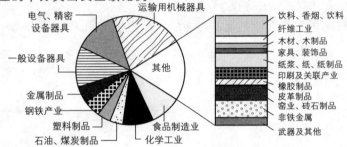

电气、精密设备器具
一般设备器具
金属制品
钢铁产业
塑料制品
石油、煤炭制品
运输用机械器具
其他
食品制造业
化学工业

饮料、香烟、饮料
纤维工业
木材、木制品
家具、装饰品
纸浆、纸、纸制品
印刷及关联产业
橡胶制品
皮革制品
窑业、砖石制品
非铁金属
武器及其他

✿ 按生产形态进行分类

		分类的视		
制造的视点	流程型生产（装置工业型）	流程型	过程类型	批次型
	组装型生产（加工、组装工业型）	流水型	组装方式	单元型
		流程型	设备布置	功能型
生产管理的视点	根据作业管理方法不同进行分类	推动式	指令方式	拉动式
		连续生产	投入方式	批次生产
	根据接单特性不同进行分类	预测生产	库存管理要点	接单生产
		少品种多量	产品品种与数量	多品种少量

1-7 根据生产的加工方式分为组装生产型和流程生产型

根据生产方式的分类

制造业从生产方式的角度进行分类的话，可以分为"组装、加工型生产"和"流程型生产"。23 页的图中是这两种系统的示意图。这里的上下两个图，看起来很相似，实际上有两个很大的差别。一个是针对需求的生产对应方法，另一个是管理的重点。

组装、加工型生产与支持系统的特征

组装、加工型生产是指将原材料、零件、部件等工业品，根据顾客的要求进行加工、组装，赋予产品附加价值后出货的生产形态。具有代表性的产品就是汽车、家电产品等。

这种生产形态要求能根据需求的变化进行灵活应对，生产能力可能利用休息日出勤、加班等方式轻松调整。只是，如果没有备齐零部件，就无法进行生产，因此库存管理是重点。

所谓的生产管理系统，经历了组装、加工型生产的考验，功能方面也成熟了，即使生产设备更新了、产品种类增加了，也没有必要导入新的系统。提升现有系统的使用技术是重要的主题。

即使利用 IoT、AI 这样的新技术，比如，初期的不良对应是依靠熟练的目视检查员进行的，量产时可以利用图像处理技术和 AI 进行自动检查、不良分析来提高品质、削减成本，但与现有的系统不会冲突。

流程型生产与支持系统的特征

所谓流程型生产是一次利用装置对原材料进行化学、物理处理，生产产品的生产方式。比如，像钢铁、药品制造、酒类及各种饮料制造等，将天然资源做成品质、功能稳定的工业产品的生产形态。

这种生产形态下，整个工厂就像一台生产设备一样，无法轻易增强能力，因此要考虑生产能力，销售阶段就不要有峰值，应该进行平准化接单。这里的对策是将生产工程对销售部门实现可视化，制造现场、营销和销售的协调是重点。

就像被俗称"装置工业"那样，很多情况下需要进行大量的设备投资，因此通过提升运转率来降低设备费用是一项重点。

这种生产类型的原材料品质波动很大，在生产过程中，必须对温度、浓度、时间等进行极仔细的调整，因此期待着利用 IoT 对设备运转数据进行收集，通过 AI 进行分析等高度自动化手段的开发。

❀ 组装、加工型生产系统图

❀ 流程型生产的系统图

1-8 根据人员配置方式分为流水线生产与单元生产

根据人员配置的分类

作为制造业具有代表性的生产方式，有"流水线生产"和"单元生产"的分类方法。这种分类方法，与其说是按制造方法来进行分类，不如说按人员的配置来分类，这样或许更容易理解。

什么是流水线生产

流水线生产是指将生产作业分解成多个单纯的作业，通过分布在输送带周围的作业员，对流动中的产品按分配给自己的作业任务，依次进行作业的方法。这种方法可以说是一种能将劳动力成本控制在较低水平、生产廉价的少品种多批量产品的好方法。

为了让同样的产品实现连续生产，基准生产计划不是按照产品实际出货计划来制订的，而是以补充产品库存的方式来制订，因此要有平准化的功能。

如果分配到各作业员的作业时间参差不一，在作业技能差的作业员处就会发生滞留，后面的人员会闲着。因此，要进行工程设计，将所有作业分割为单纯的作业，并且让全部作业员的作业时间一致。

什么是单元生产

单元生产是在被称作货摊上的展台一样的作业岗位上配置 1 个人或多个熟练工, 所有的作业都在这个地方进行。因为配置的是熟练工, 可以从事各种各样产品的生产。这种方法可以说是针对不能大量销售、单价高的产品, 进行多品种、小批量生产的方法。

各个产品特有的零部件的管理利用制造编号进行, 通用零部件按 MRP (参考 3-6~3-7) 进行, 因为可以集中采购, 所以是比较理想的。

流水线生产与单元生产的特性见第 026 页的图表。如果以汽车行业为例来说, 就是将少品种大批量的销售中的汽车按流水线方式来生产, 多品种小批量的赛车用单元生产方式来生产。

✿ 流水线生产与单元生产的人员配置

流水线生产	单元生产

在输送带周围配置了多个人，当作业对象流过来时，作业者按照分配给自己的工作进行单纯作业的方式

被称作单元的工作场所配置了1人或有限的人数，来完成产品生产的方式。其中可能包含非常复杂的作业内容

✿ 流水线生产与单元生产的概要比较

	流水线生产	单元生产
员工技能	单能工（1项特定的作业）	多能工（担任多项作业内容）
必要技能	低	高
作业场所	输送带	货摊式作业台
作业速度	由最慢的人决定	可以相互帮助
在制品库存成本	大	小
治工具	倾向机械	倾向手工
批量	面向少品种大批量	面向多品种小批量

1-9 根据设备布置方式分为流程式和功能式

生产设备的布局有没有规则呢?

工厂中有很多生产用设备,一眼看去,似乎杂乱无章,其实生产设备的布局可以分为两大类。一类称为流程式布局,设备布局基本按一条直线排列,另一类是按相同功能的设备集中放置的"功能式"布局。各有各的好处和管理难点,不管按哪种布局,都要有合理的理由。

流程式的特征与设备选择

根据生产过程中的加工顺序进行设备排布的方法,这种生产场被所称为"生产线"。各条生产线都有自己的专用设备,产品从第一工程开始,按顺序到最后工程,基本按一条直线流动,即使不去思考作业顺序也不会发生作业等待。

各设备都需要专门的作业员,按设备台数配置作业员。设备按所生产产品需要的最大能力来进行配置。以冲床为例来说,如果产品大部分只需要 10 吨的冲床,只有几种产品需要用 100 吨的冲床来生产时,也要配置 100 吨以上的设备。

用了昂贵的设备,但设备的利用率低,这样的设备配置在生产线上效率就差了,这种情况下就需要采用功能式布局。

功能式的特征与设备选择

功能式是将同样功能的生产设备集中布置的方式。根据工厂整体生产情况计算出必要的生产能力，来配置必要台数的设备。与布置在生产线上的运转率低、价格昂贵的方式相比，这样的布局可以控制设备投资费用。

相似的设备集中在一个地方，其优势在于用有限的作业员（专业人员）熟练地完成工厂中的所有任务。

然而，几种产品按加工顺序，都流动到加工功能区时，有时候会发生冲突，按顺序等待加工时，生产的周期时间就会延长，如果因此增加设备台数，增加能力余量，那么就会降低设备的运转率，如何调整加工顺序就显得非常重要了。虽然以生产调度系统作为支持，但要想由此获得最优模型也是困难的。按现在的水平，只能制订几个可行的方案，由熟练工根据感觉和经验来从中选择最佳方案，这是实际可操作的方法。将来，随着模式化与顺序计划由 AI 来担当，或许可以获得更可行的最优解。

❀ 流程式制造工程

设备按照产品加工顺序排列,生产从
起始点开始到终点完成

❀ 功能式制造工程

设备按加工功能集中排列,成为各种专业技能者
集合在一起的加工中心

1-10 根据资材采购方式分为推动式和拉动式

什么是推动式与拉动式？

推动式是指根据生产计划采购资材的方式，如果能按计划确定需求，是最理想的一种体制。而拉动式是指根据实际需求，只生产卖掉的部分、只领取用掉部分的材料的生产方式，可以根据需求变化进行微调。

这两种方式并不是只能用一种，而是根据各自的特点，进行灵活应用。

看板方式是拉动式的代表

看板方式是拉动式的具有代表性的方法，具体是将价格标签一样的卡片挂在将被移动的物品上，使用时将看板摘下放入收集箱（看板箱）内，前工程只补充被用掉的部分（参考 3-17）。这是一种能让生产与现场物料移动相匹配的系统。

仅这样就能取得很好的效果，如果在看板上印上条形码、QR 码，或者 RFID 信息，并进行读取的话，还可以简化看板的投入、收集工作，及时进行远程收货指示。电子看板信息还可以作为工程进度信息来使用，如果将其用于收货实绩管理，可以提高事务工作的效率。

推动式与拉动式的混用

推动式在计划阶段使用，拉动式在实施阶段作为准时生产（在必要的时候，按必要的数量提供必要的物料的方法）的手段使用。实际的例子就是在计划阶段采用 MRP（参考 3-6～7），实施阶段使用看板工具。例如，将领取看板用于采购订单的送货指示，将在制品看板用于作业指示的同步化。看板的始祖"丰田生产方式"（TPS）就是一个很好的例子。

✿ 推动式与拉动式混用的例子

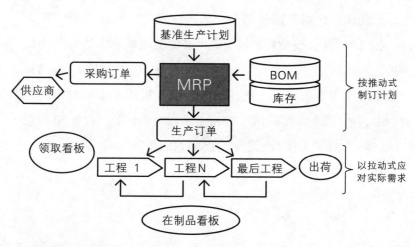

✿ 看板和通信箱的流程

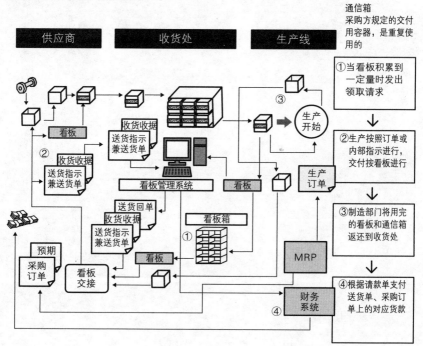

1-11 | 根据库存储备的时机分为预测生产与接单生产

根据库存持有的要点不同分为两种生产方式

对制造业来讲，订单来了，马上出货是最理想的。但实际上，在交付前还有材料的采购、生产、运输等，都需要时间，这些时间不是简简单单就能缩短的。这时，可以利用库存来应对订单，根据库存在生产的什么阶段保有，可以将生产方式分为两大类。

预测生产和接单生产

"预测生产"是指在接到订单前进行生产，制备成品库存的生产方式。库存不管是店面中的库存还是在途的库存，其目的都是让客户无须等待。只是，当库存太少，很快就卖完后，就会失去继续销售的商机，相反，库存太多就会卖不完，有不得不降价销售的风险。为了规避这些，就要提高预测的精度，这时 AI 就有用武之地了。

"接单生产"是指在接到订单前不进行生产，只备材料。这样的话，如果接到的订单与预计的产品的规格不一样，会造成缺料，因此需要为各种可能的产品订单准备好材料。

对此，可以改善预测与确定的方式、看板方式等缩短交付周期、采用自动化生产缩短生产周期、在设计时对零部件进行标准化（标准件）、零部件在各个产品中的通用化等，这些都是有效的手段。

库存点的确定方法是随机应变

不管是何种生产方式，一个企业通常不仅限于一种库存点，标准品一般采用预测生产，订制品一般采用接单生产，根据产品来决定适合的生产方式是关键。另外，库存点确定后，也不是不可以变化的。接单生产的产品如果销售量大增，这时也可以进行预测生产。现在的库存点对各个产品是否合适，需要定期评估。

✿ 生产方式不同，库存管理点也不同

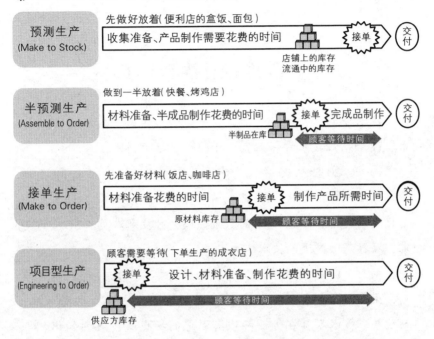

| 预测生产 (Make to Stock) | 先做好放着（便利店的盒饭、面包） |
| | 收集准备、产品制作需要花费的时间 |

店铺上的库存
流通中的库存

接单 → 交付

半预测生产 (Assemble to Order)
做到一半放着（快餐、烤鸡店）
材料准备、半成品制作花费的时间
半制品在库
接单 → 完成品制作 → 交付
顾客等待时间

接单生产 (Make to Order)
先准备好材料（饭店、咖啡店）
材料准备花费的时间
原材料库存
接单 → 制作产品所需时间 → 交付
顾客等待时间

项目型生产 (Engineering to Order)
顾客需要等待（下单生产的成衣店）
接单
设计、材料准备、制作花费的时间 → 交付
供应方库存
顾客等待时间

✿ 各生产方式的产品示例

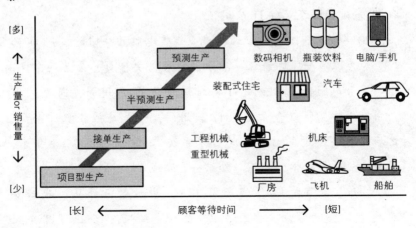

生产量or销售量 [多] ↑ ↓ [少]

预测生产 —— 数码相机　瓶装饮料　电脑/手机
半预测生产 —— 装配式住宅　汽车
接单生产 —— 工程机械、重型机械　机床
项目型生产 —— 厂房　飞机　船舶

顾客等待时间 [长] ← → [短]

专栏 1

打造 IT 软件技术实力

技术分为随着时间变化容易变化的技术和不容易变化的技术。IT 的基础技术（根基）属于快速变化的领域。

例如，20 世纪 60 年代是计算机单机时代，20 世纪 80 年代是客户端服务器时代，21 世纪前十年是云计算时代，技术发生了巨大的变化。像这种 IT 的基础领域，对技术人员（SE）的要求，往往是最先进的技术能力。

然而，IT 应用（物料编号、物料清单、MRP、生产销售计划、生产管理）相关的技术基本上没有太大变化。这种领域，往往要求技术人员在专业领域有深厚的功底及广泛的知识。与 IT 基础领域相比，更注重有丰富的经验。

读者如果是 IT 技术人员，建议大家尽早决定自己的方向是往 IT 基础领域还是往 IT 应用领域。

20 多岁时，我曾就职于生产、销售电脑的公司的工厂 IT 部门。原来只有一个系统课，后来因发展需要增员，分为两个课。当时，上司问我是希望到 IT 基础课还是 IT 应用课，因为对 IT 应用有兴趣，所以我希望到 IT 应用课，于是就被分配过去了。之后与同事通过学习会等学习了系统工程知识，这几十年来，靠着二三十岁时学到的基础知识一直到现在。

"IT 人才白皮书"（经产省/IPA）中针对云计算时代必要的 IT 技术能力方向，发表了以下的调查结果。"企业（IT 企业及制造业其他产业界的 IT 部门、IT 子公司 876 家）期待的技术能力，70%的经营者期待的是业务分析能力、企划能力及应用技术能力"。

建议诸位 IT 技术人员（SE）修炼应用技术能力。

（松林光男）

第 2 章

为工厂业务提供支持的
基准信息与信息系统

2-1 | 为工厂业务提供支持的信息系统

工厂中有两大业务链

从大的方面讲，工厂可以划分为"工程链"和"供应链"两大业务链。工程链是指新产品从企划开始到量产为止的一系列业务流程；供应链是指从需求预测开始到产品交付为止的一系列业务流程。

制造业的各个企业都在为开发有竞争力的产品、比竞争对手早一刻投入市场而展开激烈的交锋。在这样的竞争环境中，信息系统担当了支持竞争力的功能。

为工程链提供支持的信息系统

新产品开发的流程一直以来都是按"产品企划→开发→设计→试生产→量产"进行的。但是，随着计算机的大量应用，业务内容发生了巨大的变化。以前，图纸是靠人工来画的，打样也是手工反复多次制作模型（与实物相似的模型），通过模型对产品的设计、功能、组装效率进行评估，靠手工来完成的工作很多。但现在不一样了，可以利用计算机制作三维设计图，通过这种设计图来制作数字模型，通过数字模型来对设计、功能、组装效率进行评估。

为供应链提供支持的信息系统

一直以来，"根据预测制订生产计划、根据生产计划进行生产、根据订单向客户交付产品"，这样的流程没有改变。但是，顾客的需求发生了很大的变化。以前，需求是围着供给转的，只要能生产出来就能卖得出去。现在，顾客及市场的需求是多样化的，而且超短交期的交付要求越来越多。这个年代，必须迎合多品种小批量的生产，要能够敏锐地洞察市场需求，不能按照顾客希望的交期交付，顾客就不会来购买。为了应对这些要求，信息系统的应用是不可或缺的。

❖ 为工程链提供支持的信息系统

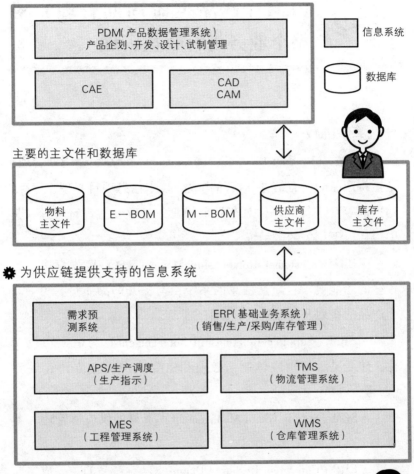

信息管理系统与数据库名称

CAE	Computer Aided Engineering （计算机辅助分析）
CAD	Computer Aided Design （计算机辅助设计）
CAM	Computer Aided Manufacturing （计算机辅助生产）
E-BOM	Engineering Bill of Materials （技术物料清单）
M-BOM	Manufacturing Bill of Materials （生产物料清单）

PLM（产品生命周期管理）对整个业务进行收益管理

什么是 PLM？

"PLM"（Product Lifecycle Management：产品生命周期管理）是指将产品的所有信息（产品构成、技术信息项目管理、库存、销售额等）进行共享，对产品全部业务过程收益进行管理。其中包括以下相关的子系统：

· **CRM**（Customer Relationship Management）接收直接来自顾客的功能要求、质量信息的系统，为提升产品质量、为下一个产品的企划及研发提供有益信息。

· **SRM**（Supplier Relationship Management）为适应市场变化，建立灵活的供应体制，必须和重要供应商建立协作关系（参考 3-11）。

· **SCM**（Supply Chain Management）资材的供应链管理（参考 3-1）。

· **ERP**（Enterprise Resource Planning）对产品的主要成本要素进行管理，是管理 PLM 中大部分收益的重要系统。

· **MES**（Manufacturing Execution System）是对产品成本三要素——材料费、人工费和经费的实绩进行收集，为成本计算的基本构成系统。

· **PDM**（Product Data Management）对 PLM 过程的核心系统

的设计、开发业务的全盘管理和产品相关技术信息进行统一管理，对产品盈利能力的提高起着重要作用。

利用 PLM 缩短开发周期

新产品开始销售前所发生的开发费用、试生产费用等各种前期投资是必不可少的，在这些回收之后才能产生利润。当然，前期投资回收的时间（周期）越短，越容易盈利。周期有以下几个种类：

· **TTP**（Time To Profit）开发开始到开发费用回收的时间。TTP 时间缩短了，收益时间就延长了。其结果是"EOL"（停产）也提前了，可以比竞争对手提前进入下一个产品的销售，即流动性好。

· **TTV**（Time To Volume）到量产为止的时间。一上市销量就出现爆发式的增长，可以一开始就进行满负荷生产，避免在有钱赚的时候出现缺货的现象，关系到收益的增长。

· **TTM**（Time To Market）到新产品上市为止的时间。捕捉到市场需求信息后，及时向市场推出新产品很重要。

✿ 用 PLM（产品生产周期管理）来管理全业务流程

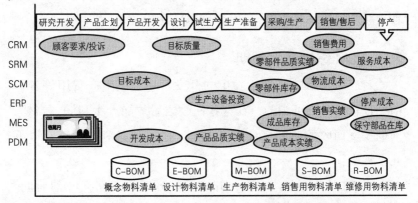

✿ 利用 PLM 缩短开发周期

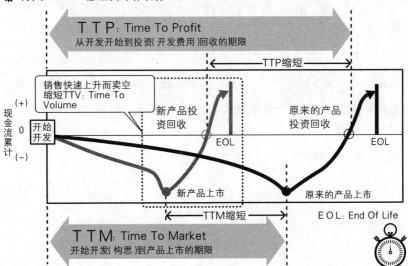

2-3 通过 PDM（设计变更管理系统）对产品开发中所需的全部信息实行统一管理

什么是设计变更管理系统

设计变更是指设计部门为了让生产部门进行产品的生产，提供必要的信息，新开发产品也好，原有产品也好，都称为设计变更（简称：设变）。

只是，在日本企业中，对新产品来说，因为不是变更，以"新图纸发行"或者用"出图"来表达，以便从文字上与设计变更进行区分。确实，单纯的变更和新品相比，数据量不一样，附带的资料和手续也不一样。

另外，在大规模变更时，也不叫设变，而称作"出图"，在系统中则不需要进行区分。对于 BOM（物料清单，参考 2-9）来说，其变更是指零部件的追加、删除及变更三种数据处理，对新产品来说，因为所有零部件都是新追加上去的，所以可以作为设变的一种类型来处理。即使数据量很大，因为是由系统来处理的，也不会有什么特别的问题。因此，几乎所有 PDM 系统都把新产品当作设变来处理。

PDM 的作用

所谓 PDM（Product Data Management）是指将产品在开发过

程中产生的各种各样的信息（图纸、文件、规格书、设计物料清单、操作说明书等）进行整合，实现统一管理的系统。

在这个系统里，包含的构成产品的零部件、原材料信息，其数据库的关键词不仅有物料编号，而且与设计变更编号进行成对管理。

例如，打算用既轻又便宜的塑件制品来替代钢制的螺丝、螺母时的设变，如果只变更某一个零件，可能会因为强度不同而造成损坏。这个时候，用设计变更编号这个关键词进行归纳，就很容易发现两者是不是都进行了变更。

❂ 设计变更的两种时机（系统按同样的方法处理）

①新产品的开发、设计

向生产部门提供与新产品的构造、内容相关的设计方案、规格、零
部件信息、检查基准等生产必需的技术信息。

对于新产品，很多日本企业不把其称作设计变更（设变），而
以新图纸发行作为处理方式。

新产品开发

②产品改良

为了解决已出货产品中的问题，提高安全性，功能性，降低成本等，向生产部门
传递产品改良相关的设计方案、技术信息。

环境对应

安全对策

降低成本

功能改善

❂ 设计变更管理系统的构成

PDM:Product Data Management
将产品在开发过程中产生的各种各样的信息（图纸、文件、规格书、设计
物料清单、操作说明书等）进行整合，实现统一管理的系统

范畴（顾客）
· 问题状况
· 成本下降的要求等

➡

设计变更管理系统（PDM）
· 设计变更内容的审核
· 设计变更处理速度的提升
· 设计变更信息与基准信息的
　同步化
· 产品的版本管理
· 设计变更履历管理
· 设计变更与品质的全面管理

⬅

生产部门
· 工程问题
· 零部件/产品不良率

设计/开发与生产
的信息交换

设计变更（CAD/CAM相关）
· 设计变更指示（通知）书（不
　良对策、功能改良、成本降低）
· 设计物料清单
· 相关图纸（零部件图、组装图等）
· 规格书等（SPEC、变更内容
　记录书等）
· 适用指示书（工程变更注意
　事项）
· 其他

产品开发、设计变更
相关的所有信息
产品构成、技术
信息、项目管理

基准信息的变更（ERP相关）
· 物料主文件
· 物料清单（BOM）
· 工程主文件
· NC数据
· 试验数据/检查基准
· 其他

对工厂全体人员与物料进行编号（代号、记号）

什么是编号？

工厂中对许许多多的零部件、材料、在制品、成品进行保管、加工、组装，需要很多设备，各有各的名称。同时，工厂中有大量人员，当然，也有各自的姓名。日常生产活动中，使用这些名称、姓名开展工作，但使用这些名称、姓名开展工作时，经常发生搞错的情况。为什么呢，有的名称虽然相同，但零部件或材料不同，人也有同名同姓的，没有办法100%用来指定特定的物料或人员。

例如，虽然直径与长度一致，头部的形状、螺距不同的螺丝有很多，如果只指定直径10mm、长度50mm的螺丝，就无法得到特定的螺丝。这时，如果对零部件、产品、生产设备、工作人员等所有一切赋予不同的代号、记号，根据代号、记号来指定的话，就绝对不会搞错了。这种将各种各样的物料、人员赋予代号、记号的做法称作编号，生产管理系统、工厂信息系统中是用编号来进行信息处理的，而不是使用名称、姓名。

信息系统中使用的各种编号

· **对零部件、材料及产品的编号**。称作物料编号、物料代号。销售计划与销售实绩、生产计划与生产实绩、库存计划与库存实绩、接单实绩与出货实绩、零部件及原材料的订购与收货实绩等，生产活动中所发生的数据全部是以编号为单位进行管理的。

·**对生产设备的编号。** 称为设备编号、设备代号。设备的能力与维护、资产管理是以设备编号或设备代号为单位进行管理的。

·**对员工的编号。** 称为员工编号、员工代号。上班时间、下班时间、加班时间、保密区域的出入管理都是以员工编号为单位进行管理的。

·**其他编号。** 包括对零部件、原材料提供商进行的供应商编号、对顾客进行的客户编号等。

✿ 为什么要进行编号?

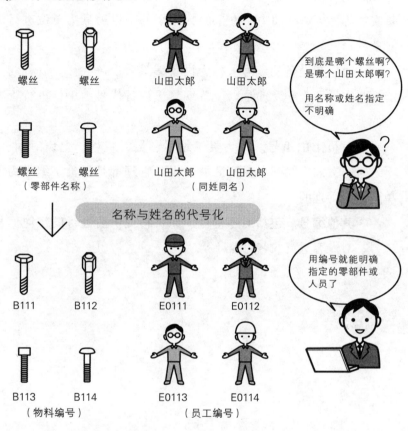

名称与姓名的代号化

✿ 编号在各种各样信息中的应用

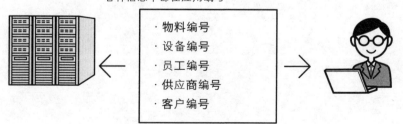

2-5 物料编号分为有含义的编号与无含义的编号

一个物料一个编号是铁律

编号中最具代表性的是物料编号（物料代号）。工厂内是通过成千上万的零部件来组装成产品的。例如，液晶电视是由数千个、汽车是由数万个零部件来组装成产品的。这些零部件每个都有编号，以区分于别的零部件。物料编号是用于识别零部件的，同样的物料采用同样的编号，不同的物料必须采用不同的编号（参考 2-4）。

有含义的编号和无含义的编号

然而，在日本制造业中，即使同一家公司，工厂不同，有时编号也不一样。在日本，物料编号中，编号本身也有各种含义，这个零部件是装在哪里的零部件、材料是什么、是在哪里购入的等，可以通过编号获知。

例如，同样的零部件，有的工厂根据供应商不同，物料编号中表示供应商部分的代号、记号会不同。像这种有含义的代号被称为"有含义的编号"，没有含义的、只用数字来罗列的物料编号被称为"无含义的编号"。

日本制造业中，采用"有含义的编号"很多，海外制造业中更多的是采用"无含义的编号"。采用"有含义的编号"的日本企业中的重要课题是"一物一号"，即如何建立全公司统一的编号规则。例如，废除各工厂各自编号的做法，由总公司设立编号中心，由编号中心负责编号，这样就可以解决一个物料有多种编号的问题。

另外，工厂中使用的成千上万的物料全部登录在一个文件中，这个文件叫作物料主文件。物料主文件在生产管理系统的各个方面得到应用，管理着与物料相关的各种信息。存取这个物料主文件的关键词就是物料编号。

❀ 物料编号的"有含义的编号"和"无含义的编号"

> 日本制造业很多使用"有含义的编号",海外制造业很多
> 使用"无含义的编号"

海外制造业中使用
无含义的编号是主流

日本制造业中使用
有含义的编号是主流

❀ 有含义的编号的课题

> 同样的零部件因为供应商不同,各工厂的物料编号不同
> →一种物料有多个编号

即使是同一个零部件

A工厂　　　　　B工厂　　　　　C工厂

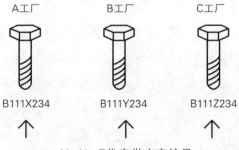

B111X234　　B111Y234　　B111Z234

X、Y、Z代表供应商编号

一个物料有多个编号时,全公司的库存、需求无法进行统计,也无法进行评价,麻烦了……

这个螺丝在全公司的库存有多少呢?

这个螺丝在全公司的需求数是多少呢?

工厂中管理生产活动的各种各样的编号

在工厂中不可或缺的主要编号

设备编号

工厂中的每个设备都被赋予了编号,设备的生产能力(每1个的加工时间、一天的最大稼动时间等)、设备保全信息是通过设备编号这个关键词进行登录的(信息登录在设备主文件里)。

为了让生产计划、加工日程计划可执行,必须在工程能力范围内制订计划。必须确认各工程的作业量(负荷)是否在工程能力范围内,这时需要以设备编号为关键词,从设备主文件中调用信息。

另外,为了保证生产设备不因故障而停产,设备保全是重要的一环。设备主文件中登录了设备保全的相关信息(保全的周期、保全的履历等),工厂根据这些信息来制订所有设备的保全计划。

员工编号(员工代号)

工厂中员工信息在生产管理及工厂相关管理系统中使用广泛。员工挂在身上的识别卡上有员工编号,可以对上下班时间、作业实绩及电脑登录等信息进行管理。

检索机密信息时,员工编号及口令是必不可少的,重要场所的进出也需要员工本人以员工编号进行确认。

供应商编号

采购零部件时要用到的是供应商主文件。供应商主文件中以供应商编号为关键词登录了采购合同及补充合同、订单形式、交付指示书形式等各类与供应商相关的信息。根据这些信息可以进行订购、进货验收处理等操作。

客户编号

客户主文件是用于接收客户发来的订单、产品出货、交付等场合。客户主文件是以客户编号为关键词，登录了客户的各类信息。例如，登录了交易基本合同、订单的形式、交付指示书的形式等，根据这些信息来接受客户订单、处理出货与交付等活动。

❀ 工厂中使用的各种编号的示例

设备编号

工厂中的各台设备都被赋予了各自不同的编号，以设备编号为关键词进行生产能力、设备保全等信息的登录

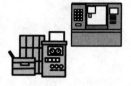

员工编号（员工代号）

工厂中工作的员工的信息在生产管理、工厂相关系统中被广泛使用。可以对上下班时间、电脑登录、重要场所的出入、作业实绩进行管理

供应商编号

供应商的各类信息是以供应商编号为关键词登录在供应商主文件里的。例如，采购基本合同、补充合同、订单形式、交付指示书形式等

客户编号

客户的各类信息是以客户编号为关键词登录在客户主文件里的。例如，交易基本合同、订单形式、交付指示书形式等

2-7 基准信息管理系统的基础是物料主文件

基准信息由设计/开发部门和生产技术部门进行管理

基准信息包括产品构成信息与制造方法相关信息两种，由设计/开发部门和生产技术部门两个部门进行管理。

物料清单（BOM：Bill Of Material）是为了说明产品是由什么样的零部件构成的。各个零部件相关的详细信息由物料主文件来进行集中管理，其中包括供应商、价格、采购周期、一次采购量的限制、材质、图纸、规格等信息。

制造方法的信息记录在工程主文件中。其中包括生产顺序、使用的材料、治工具、设备等相关信息。

各工程使用的设备的详细信息记录在设备主文件中。

对这些信息及时、准确地进行管理就是基准信息管理的任务。

登录在物料主文件中的信息

在物料主文件中登录了用于产品制造的零部件及产品本身的信息。在生产活动中定期使用的物品也登录在其中。

例如，生产设备用机械油、作业员使用的手套、工业用肥皂等，其采购、销售及库存信息全部需要登录其中。

像这样，所有物料都要在其中登录，那么登录方法就必须要注意了。首先，同样的物料用同样的编号、不同的物料用不同的编号，这是大前提，但如果各个事业部、工厂分别进行管理，在对各工厂进行统废合（统计、报废、合计）处理及全球化展开时，会产生不同的零部件可能用同样的编号、同样的零部件可能用不同的编号等情况，因此物料编号的统一管理就成为重要的课题（参考 2-5）。

❖ 基准信息管理的全貌

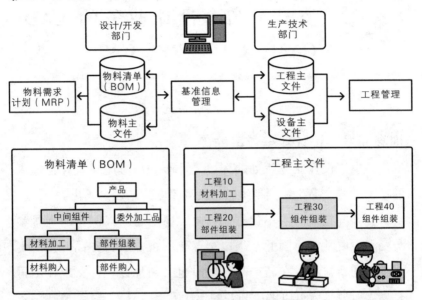

❖ 什么是物料信息?

物料信息: 记录着在产品开发、生产、销售和保修过程中, 企画、管理和使用的每一个物料的详细信息

登录对象: 零部件、中间品、组件、最终成品、消耗品等采购、销售、库存的所有对象

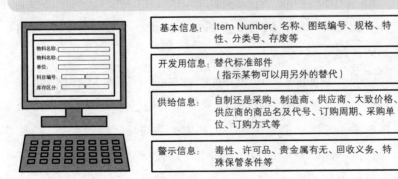

2-8 支持开发、设计业务的 CAD、CAM、CAE、RP、CAT

提高开发、设计业务效率的工具

开发、设计业务所处的环境是严峻的。对产品差异化追求的扩大随着产品生命周期缩短还需要不断有新产品推出。

更何况竞争对手不仅有国内的，还随着新兴国家的大量参与变得更混乱了，因此必须以全球化的视点进行产品开发。不断推出的新材料，在新产品开发时也必须加以关注，现在不再是靠人海战术就可以解决问题的年代了。

这里，开发工具的有效利用就成为了必然。利用三次元 CAD（Computer Aided Design）作为设计工具已经成为家常便饭了，CAE（Computer Aided Engineering）也被广泛应用于应力分析与模拟、耐久试验与跌落冲击分析等领域。

RP（Rapid Proto-typing）随着 3D 打印的普及，制作出与实物外观相近的模型，供营业部门进行评价，在设计阶段开发出好销的产品。

CAM（Computer Aided Manufacturing）与 CAT（Computer Aided Test）的应用，可以在原来单独使用的 NC 加工机械上搭载机械手，并实现信息交换，提高生产活动与试验的水平。

在进行面向量产的设计评审时，利用模型数据与数字样机等可以使得判断更加客观。

关键点是软件的开发

产品的主要构成要素是机械系统（机械）和电气系统（电气），最近的产品里又加入了软件的要素。然而，现在常常有抱怨说影响产品交期的重要因素是软件的开发。本来，就应该从设计初期阶段开始，必须对机械、电气、软件进行"三位一体"的总体架构评估，这应该也是工业 4.0（参考 5-3~4）的必要条件吧。

✿ 如何实现开发、设计业务的高效化?

制造竞争力强大的新产品
·固有要素技术、生产技术
·产品企划能力、品牌
尽早推出市场
·开发时间缩短（Time To Market）
·即时生产（Time To Volume）
降低开发费用
·确保产品多样化的应对能力

功能性设计
环境设计
机械设计
电气设计
软件设计
综合试验

通过各活动的综合能
力来实现

✿ 开发工具的有效利用

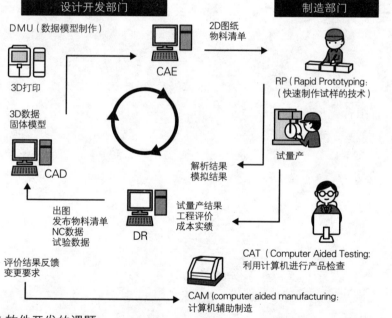

设计开发部门

制造部门

DMU（数据模型制作）

2D图纸
物料清单

CAE

3D打印

RP（Rapid Prototyping:
（快速制作试样的技术）

3D数据
固体模型

试量产

CAD

解析结果
模拟结果

出图
发布物料清单
NC数据
试验数据

DR

试量产结果
工程评价
成本实绩

评价结果反馈
变更要求

CAT（Computer Aided Testing:
利用计算机进行产品检查

CAM (computer aided manufacturing:
计算机辅助制造

✿ 软件开发的课题

随着现代的智能制造的推进, 在产品开发过程中,
其中的软件开发占了很大的比重

机械部件

电气线路

装在里面的软件
·驱动程序
·专用OS
·应用程序
·用户接口

2-9 | 基准信息管理系统中的 BOM （物料清单）是基础信息

BOM 是所有物品的基础信息

产品是什么生产出来的？描述零部件构成信息的就是 BOM （物料清单，Bill Of Material）。BOM 是由设计部门制作的，具体的物料是自制还是外购，由生产技术部门决定。

物料清单的构造是层级结构的，表达的含义是自下而上进行组合就形成最终产品。实际的物料清单数据库却不是层级结构的，而是通过在相关数据库中加入表示层级的信息，来表达亲子关系。例如，当显示器是"亲"时，液晶和外壳就是"子"。

BOM 中包含了生产管理中必要的参数，如生产周期（LT：Lead Time）、不良率（生产过程中破损的比率），以及一个"亲"需要使用哪些"子"等信息。MRP 利用这个信息，根据产品计划（MPS：Master Production Schedule），计算出什么零部件、什么时候需要多少个，如果原始信息错了，也就无法正确进行零部件、材料的采购。

E-BOM （设计物料清单）和 M-BOM （生产物料清单）的信息联动

设计物料清单由设计部门制作，利用 PDM/PLM 对保证产品功能和品质的技术信息进行管理，是公司内唯一的数据库。

　　而生产物料清单是考虑加工方法、加工顺序及经济性等，由工厂内的生产技术部门管理的、用于 ERP 的数据库。有时，为了便于生产，会增加层级；有时，因为从外部购买，会削减层级。每个工厂可能会有不同的生产物料清单，这种差异也反映了各工厂的实力差异。

　　让我们来看一下从 E-BOM 到 M-BOM 的信息连接吧。从设计部门向工厂传递技术信息时采用的手段被称为设计变更，其中有两种手段。一种是只传递变更部分的信息，即"纯变更方式"，这种方式的好处是传递数据量少，哪里有变更，一目了然。但如果产生顺序错误、遗漏等情况，就无法制定正确的BOM 了。另一种是将变更后的产品最新 BOM 整体传递、置换，即"整体置换方式"。每次都传递大量的信息是一种浪费。因此，实际应用时，通常使用"纯变更方式"，当发现哪里有不对劲的时候，可以用"整体置换方式"进行置换，即两种方式可以并用。

　　在新工厂建立、工厂搬迁等情况发生时，用"整体置换方式"可以发挥更高的效率。

❀ 物料清单的印象

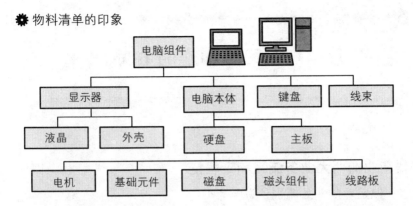

❀ 设计物料清单和生产物料清单

设计物料清单	生产物料清单

E-BOM: Engineering Bill of Material

·设计部门制作

· 功能、品质为基础

（与产品规格关联）

·PDM/PLM的数据库

M-BOM: Manufacturing Bill of Material

·生产技术部门制作

·加工方法、顺序及经济性是重点

（与生产形态、计划关联）

·ERP的数据库

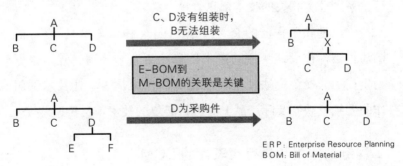

ERP: Enterprise Resource Planning
BOM: Bill of Material

2-10 | 与工程链相连的 BOM

制造业的两大业务流程和工程链

制造业的业务流程分为两大类。

一类是被称作供应链管理（SCM：Supply Chain Management）的资材供应相关的一系列业务，是按实物流动进行的业务流程（参考 3-1）。

另一类被称为工程链，指的是针对产品从销售战略开始到开发设计、量产、销售、售后服务、EOL（停产：End Of Life）等一系列业务相关的技术信息管理。

供应链和工程链的交叉点是 BOM（物料清单），设计的意图通过被称作设计变更的技术信息的更新来体现，并最终反映到生产中。换个说法就是，工程链的作用是为了让技术部门制作的图纸反映到实际产品上而进行必要的技术信息传递。

工程链的作用和具有代表性的 BOM

技术信息的传递不仅面向生产部门，还有工厂内的采购部门、资材管理部门、质量管理部门也需要传递。从工厂出去的产品技术信息则需要传递到销售部门、售后服务部门等，这些信息分别储存在各种固定形式的 BOM 中。最具代表性的 BOM 有 5 种。

在这 5 种 BOM 中，C-BOM（Conceptual BOM）是在产品企划阶段制作的，它不仅是为了实现产品而制作的，把所有内容做成 BOM 后，就可以对产品的质量、功能进行明确化，而且还能用于概算产品的制造成本。

另外，S-BOM（Sale BOM）是销售部门用的 BOM，是一项被称作配置程序的软件，可以根据顾客要求，进行方案选择。R-BOM（Repair BOM）是售后服务部门用的 BOM，为了针对已经出货的产品进行零部件更换、维修等，提供产品的构造、最新设计水平信息而使用（E-BOM 和 M-BOM 参考 2-9）。

BOM 整合和各种不同目的 BOM 的课题

基于不同目的而产生的多种特定 BOM，从数据库技术来看，不是一个好的做法。而且，当各 BOM 内容不一致时，会造成业务上的障碍。为了避免这个问题，通过对 BOM 进行整合，来对应各种用途的做法，看起来不错，但是个别对应的逻辑关系过于复杂，不太容易实现。为了设计整合的 BOM，需要一个系统来支持第 070 页图的工程流程。利用 2-2 中介绍的"产品生命周期管理"（PLM）的概念，在构建系统过程中，将整合化的 BOM 的关键内容进行固化，就有可能实现了。

❋ 制造业的两大业务流程

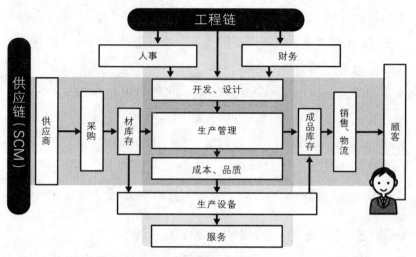

❋ 工程链与物料清单（BOM）的关系

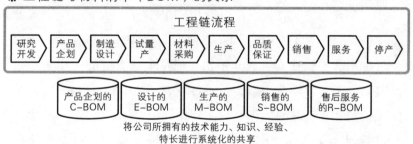

将公司所拥有的技术能力、知识、经验、
特长进行系统化的共享

2-11 | 实现产品快速开发的前期导入

新产品开发时、前期导入很重要

新产品的质量、成本有 85% 以上是在开发设计阶段确定的。反过来说，在生产阶段，再怎么努力进行改善，其效果也在 15% 以下。

因此，制造型企业形成了这样的体制，在新产品的开发设计阶段，将资源（人、设备、信息系统等）最大限度地投入其中。这个体制称为"前期导入"。前期导入在实施中有以下五个项目。

（1）联合工程

（2）通过产品数据管理（PDM：Product Data Management）缩短开发周期

（3）模块设计的导入和标准化

（4）零部件标准化、标准件的有效应用

（5）加强开发与生产部门间协同

改善的手法方面，可以采用前期管理的思路。这种思路是基于前期管理好的话，可以起到中期、后期改善几倍、几十倍的效果。将前期管理应用于制造业的话，前期就是开发设计、中期是生产活动、后期是售后服务，开发设计阶段开展最好的活动，在中期生产活动中，QCD 将获得飞跃式的效果。可以这样说，前期导入是制造过程中具有代表性的前期管理活动模式。

再对上述（1）～（3）进行补充如下：

（1）的联合工程是指通过产品企划到开发设计、生产准备相关各项业务的齐头并进，来缩短到量产为止的开发过程时间的开发手法。

（2）的产品数据管理是指在产品开发过程中，整合与产品相关的所有信息（图纸、文件、规格及使用说明书等），进行统一管理的体制、信息系统。

（3）的模块设计是指将产品的各个基本构造部分进行分割至组装零部件（模块），再进行组合的方法。产品模块化的优点是：在量产时可以降低成本，容易实现产品多样化，方便新产品的开发、缩短开发周期，接单至交付的时间可以大幅度缩短。

✿ 什么是前期导入

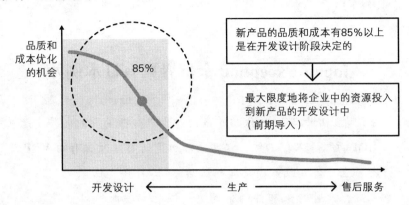

新产品的品质和成本有85%以上是在开发设计阶段决定的

↓

最大限度地将企业中的资源投入到新产品的开发设计中
（前期导入）

品质和
成本优化
的机会

85%

开发设计 ← 生产 → 售后服务

✿ 什么是联合工程?

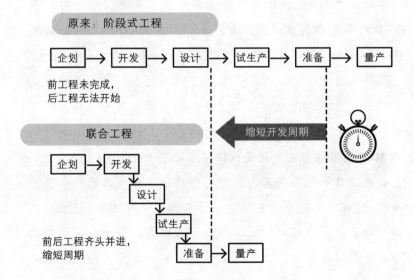

原来：阶段式工程

企划 → 开发 → 设计 → 试生产 → 准备 → 量产

前工程未完成，
后工程无法开始

联合工程

← 缩短开发周期

企划 → 开发

设计

试生产

准备 → 量产

前后工程齐头并进，
缩短周期

Japan Exception 全世界只有日本例外

这是20世纪70年代初的事情。我当时在美资的电脑生产巨头IBM的藤泽工厂工作。零部件订购是利用当时少有的MRP进行的。生产计划经美国总部确认后，将MRP发回来，全球的各个工厂据此进行零部件的采购。美国总部当时，对世界各工厂生产的统一管理全部是基于MRP进行的。

当时各工厂的MRP实行情况是，美国、欧洲的数字几乎100%地遵照总部的意思，只有日本工厂低到70%-80%。针对这个问题，美国总部再三要求说明原因，并采取对策。

低的原因是这样的：当时的MRP每月更新一次，而需求变动、设计变更每天都在发生。于是，如果不采用手工输入，一个月后就晚了——工厂的担当者很困惑了，到底以美国总部提出的MRP准确率优先、还是以提前应对变化优先……

如果以日本人的认真态度与责任感来选择，其结果就要牺牲MRP的准确率，而且会让美国总部知道。从MRP的准确率来讲，日本是最差的，但从工厂经营好坏来评价时，从交期达成率到库存周转率等，日本是绝对领先的。日本人即使没有实现生产统管，仍然通过努力达成了最好的结果——美国总部就是这样评价的。于是，不知道什么时候开始，美国总部的态度是："MRP准确率即使低了也没有关系，仅针对日本！"于是就产生了"Japan Exception"这样的词。

　　经营方面也发生过同样的事。当时的日本 IBM 社长向美国
总部的高层提出了日本的市场与顾客需求的特殊性，希望采取
与美国部门方针不一样的行动，因此获得了追加预算，也取得
了承诺的经营业绩，美国总部高层也说了 "Japan Exception"。

　　读者中大概也有在全球化企业中工作，因为各国文化不同
而受到煎熬的吧。针对这样的读者，我的建议是：即使与总部
的指示不同，为了公司的利益，正努力做出成果的本国人，在
可能的范围内也可以使用 "××除外" 等褒奖的词语试试。我相
信，这样可以提高本地员工的热情，获得好的成果。

（川上正伸）

第 3 章

最新供应链全貌

3-1 供应链包括了从零部件采购到出货全过程

与采购业务相关的关联企业和部门间的合作

对制造业来讲，原材料的供应是最重要的课题之一，无论 IT 多先进，零部件、商品也是无法在网络上运输的。而且，随着需求的多样化，产品生产周期越来越短，商业速度越来越快。

在这样的环境下，要提高原材料供应的精度、灵活而高效地应对需求变化，不能仅依靠物流相关人士来应对，局部最优或单个企业努力的效果是有限的。

因此，常常处于对立关系的供应商与采购方也在以"全体最优""顾客立场"等为中心，进行协作体系的推进。这就是所谓的"供应链"思维。在综合家电制造和汽车制造行业中，被称为系列的集团中，除了资本和人才的交流外，通过常年的买卖关系确立了相互之间的信任，实现了原材料采购协同体制，这就是名副其实的供应链。

供应链的种类

供应链根据关联组织的种类分为以下三类：

①部门间的供应链。除了设计开发、采购、制造、销售、物流各业务的协作外，还要改善现金流，在财务方面达到全体最优。甚至需要考虑进行组织编制的改革，在全公司的努力下

实现。

②企业内供应链。这虽然是一种以顾客意志为根本，从零部件加工、组件生产到完成品组装测试、出货为止的一系列流程，在同一企业的各个据点中完成的协作体制，但如果在各组织间的权限关系上出现了问题，推行时将出现意想不到的困难。

③企业间的供应链。这就是通常所说的供应链，从原材料供应到零部件供应、产品生产、批发零售、出货的一系列流程，打破了企业之间的壁垒，成为一个整体业务流程。这是一种追求全体最优，以顾客满意和集团内各企业高收益为原则的战略经营手法，构筑供应链中各企业之间互惠、互信关系是成功的关键。

智能供应链的实现

就系统而言，只要能将原来的基础系统进行应用，就可以获得充分的效果。今后可以应用 AI，针对需求预测和需求变动，进行灵活、精确的模拟。通过 IoT 将计划信息及时共享，生产过程及设备中获取的与品质相关的大数据可以在全公司共享，进一步提高跟踪能力。

✿ 供应链支持系统

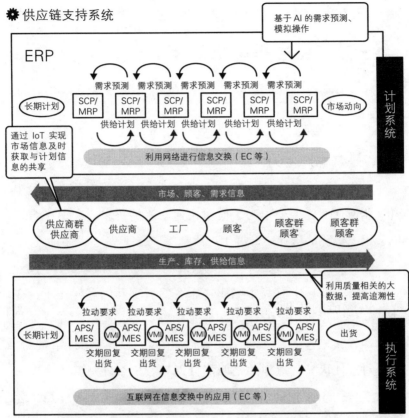

ERP：Enterprise Resource Planning（经营资源计划） SCP：Supply Chain Planning（SCM 计划系统）
VMI：Vendor Managed Inventory（供应商库存） EC：Electronic Commerce（电子商务）
MRP：Material Requirement Planning（资材需求计划） APS：Advanced Planning and Scheduling
MES：Manufacturing Execution System（制造执行系统） （未来的生产计划与生产调试）

※即使是同一供应商，根据产品不同，可以有 VMI 和 Pull 两种方式进行要求和交期回复

3-2 供应链的推进步骤

SCM 是怎样产生的？

日本经济高增长是在 20 世纪六七十年代，当时需求快速上升。制造业的各个公司为了应对快速膨胀的需求，在追求各职能、组织最优的过程中开展生产活动。

当时的生产形态是以少品种大批量为主流，进入 80 年代开始在经济高增长中看到了阴影，顾客的需求开始多样化了。在快速变化的过程中，开始发现原来的各职能、组织、部分最优的生产方式已经跟不上发展了，而且在各个方面出现了浪费。在应对这种状况时想到的是职能分割型、组织分割型的生产方式，于是就开始了 SCM（供应链管理）。自从 SCM 登场后，各公司开始变得可以迅速应对市场及顾客的需求了。

SCM 的发展阶段和导入效果

SCM 从第一个阶段的部门间 SCM 向全球化 SCM 的发展过程，被划分并定义成 5 个发展阶段。随着阶段的递进，从部门间到企业、从日本国内向海外连锁，范围不断扩大，各个阶段的定义参考第 84 页下图。

SCM 导入后的第一大成果是部门间、职能间、企业间因未整合而产生的浪费（库存、周期等）被消除了。未整合的规模

从部门间到职能间、职能间到企业间、日本国内到国外，随着
范围不断扩大，其浪费也是按比例随着规模扩大而增加。按这
样的节奏，随着阶段的递进，导入的成果也会越来越大。

　　然而，现在日本制造企业的 SCM 到底发展到哪个阶段呢？
遗憾的是，只到了第 2 个阶段。作为推进全球化的日本制造业，
如何迈入第 3、第 4 阶段，将是今后的重要课题，要解决这个问
题，今后企业间的合作、国际间的合作将变得越来越重要。

❀ SCM是怎样产生的

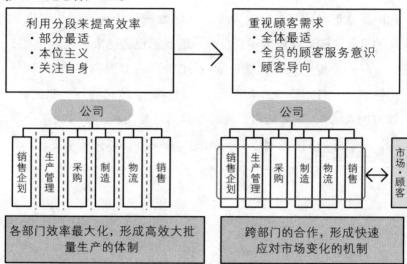

利用分段来提高效率
- 部分最适
- 本位主义
- 关注自身

重视顾客需求
- 全体最适
- 全员的顾客服务意识
- 顾客导向

公司

| 销售企划 | 生产管理 | 采购 | 制造 | 物流 | 销售 |

公司

| 销售企划 | 生产管理 | 采购 | 制造 | 物流 | 销售 | 市场·顾客 |

各部门效率最大化，形成高效大批量生产的体制

跨部门的合作，形成快速应对市场变化的机制

❀ SCM的发展阶段

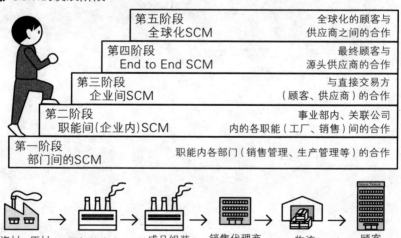

第五阶段
全球化SCM　　　　全球化的顾客与供应商之间的合作

第四阶段
End to End SCM　　最终顾客与源头供应商的合作

第三阶段
企业间SCM　　　　与直接交易方（顾客、供应商）的合作

第二阶段
职能间(企业内)SCM　事业部内、关联公司内的各职能（工厂、销售）间的合作

第一阶段
部门间的SCM　　　职能内各部门（销售管理、生产管理等）的合作

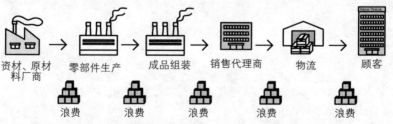

资材、原材料厂商　　零部件生产　　成品组装　　销售代理商　　物流　　顾客

浪费　　浪费　　浪费　　浪费　　浪费

在部门间、职能间、企业间存在着大量的浪费

3-3 将工厂中各项职能串连起来的供应链

构成供应链的工厂的职能

在前面的 3-1 和 3-2 中，对供应链的历史和全貌、发展阶段，及智能供应链进行了说明。工厂中，是通过生产管理部、采购部、资材部、制造部、品质管理部、财务部相互协作来完成产品制造的。而同样的工厂，从另一个角度来看的话，也可以说是通过产销计划、资材需求计划（MRP）、采购管理、库存管理、工程管理、物流管理等一系列职能来构成工厂大的职能。

企业拥有多种不同的功能、多个不同的工厂。经过这些工厂的连锁形成的职能间（企业内）供应链以及企业间供应链、End to End 供应链，最终达到目标，即全球化供应链的进阶。

千里之行始于足下，即使把目标定在了全球化供应链，也不是一步就能达成的。部门间或职能间的供应链的成功是第一步。

六项职能与重点

职能间的供应链是由下述六项构成的。

①**产销计划**。由需求预测、销售计划、库存计划、生产计划、基准生产计划等业务构成。重点是"迅速应对需求变化"。

②**物料需求计划（MRP）**。按基准生产计划，将需求量进行

展开，关系到部件、材料的生产订单或采购订单。重点是"最新的基准生产计划，关系到材料的快速、无遗漏的下单"。

③**采购管理。**包括从采购订单的发行到交期管理、收货、检验、应付款管理等一系列业务。关键词是"构筑强大的供应商及互利关系"。

④**库存管理。**包括材料、半成品与成品的出入库管理、盘点管理、ABC 管理、多余库存的管理等业务。重点是"维持适当的库存与库存精度"。

⑤**工程管理。**包括生产订单的发行、排程、工程进度、工程质量管理、实绩评价管理等。重点是"消除瓶颈及负荷的平准化"。

⑥**物流管理。**核心是仓库管理与运输管理。重点是"物流的可视化"。

下面将就职能间供应链的 6 项功能，及其支持系统进行详细说明。

✿ 构成供应链的工厂职能

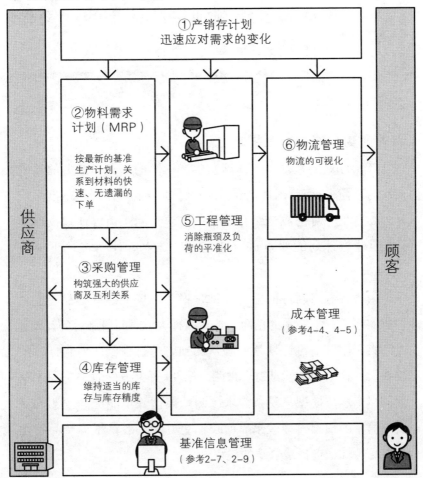

3-4 从需求预测到生产计划的产销存计划系统

需求预测和销售计划是起点

产销计划是制订生产计划及生产活动的起点。业务的流程依次为：需求预测/销售计划→库存计划→生产计划→基准生产计划。这里先对构成产销存计划的需求预测、销售计划及库存计划、生产计划的要点进行叙述，基准生产计划将在下一节说明。

由销售部门制订的销售计划是根据市场上的畅销品、过去销售实绩、竞争对手的动向，按产品种类、时间段制订的计划。

由于制订销售计划是一项从无到有的过程，计划制订时需要线索。这个线索就是需求预测。第 90 页上方的表格是需求预测的一个示范模型。复杂需求预测的模型并不能提高预测的精度，简单的预测模型效果有时反而更好。一般是根据产品特性与市场特性来选择最合适的模型。

库存计划与生产计划

销售计划是根据需求计划来制订的，计划不能单纯是计划。实际上，当销售计划与接单数有差异、接单量大于销售计划时，就会失去销售机会。这时，为了防止销售机会的丢失，就需要保有产品库存。相反，当接单量少于销售计划时，就会出现多余的产品库存。为了有效控制产品库存，库存计划就应运而生了。这里，合适的库存量是重点，即所谓"既不多、也不少"这种平衡的感觉。

前面所说的销售计划与库存计划，充其量是销售方的希望，不一定是生产部门能接收的计划。

生产计划的重点是这项计划是可实行（生产）的，当某生产工程超负荷时，生产部门就要考虑前置生产、加班或休息日出勤、委外生产等进行应对，通过调整负荷，制订切实可行的生产计划。

❀ 需求预测模型

根据产品特性与市场特性，选择最合适的模板是重点

No	需求预测模型名称	噪音	流行	周期	外部数据
1	简单移动平均	●			
2	移动平均	●			
3	一次指数平滑	●			
4	二次指数平滑	●	●		
5	直线、曲线近似	●	●	●	
6	回归分析法	●		●	
7	回归移动平均	●		●	
8	非线性回归移动平均	●	●	●	
9	季节预测	●	●	●	
10	人工神经网络法	●	▲	▲	●
11	二次回归	●		●	●

（出处）根据《为库存管理进行的需求预测入门》（东洋经济新报社）制作

❀ 负荷调整的设定方法

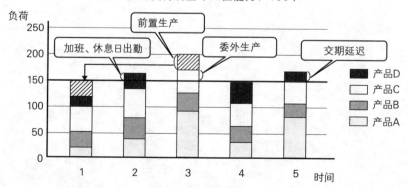

某工程的负荷调整（工程能力：150）

3-5 从生产计划到基准生产计划的产销存计划系统

从生产计划到基准生产计划

在 3-4 中叙述的生产计划，其计划的单位是产品组，计划的区间为月或者周等，是粗略的计划。将这个粗略计划按工厂制造水平进行分解后的计划就是基准生产计划。基准生产计划中，产品组变成了产品型号、计划时间单位细化为天。

从产品组到产品型号的展开

将产品组分解为产品型号，使用的是"计划表"。计划表有销售部指定的和根据过去销售实绩作成的两种情况。假如产品组 A 是 A1、A2、A3 三种产品型号的总称，那么根据"计划表 X"中各个月的比例，就可以将各个月的数量分解到各个型号了。计划表 Y 就稍微有点复杂了。基本构成在产品 A 的各个组都通用，可选项只能选一项，追加项是可以追加也可以不追加，由这些来构成产品。

以月为单位到以天为单位的分解

从以月为单位到以天为单位的分解，有两个步骤。第一步是将产品组的总数分解到天，第二步是按产品型号进行区分。

第一步 将月总数除以稼动天数。如果能除尽，就将这个数作为日计划数，如果除不尽，就要考虑和其他产品组的平准化，从几个方案中选择一个。

    第二步 根据所选的方案，将每天的数字分解到每个产品型号。为了提高作业效率，一般的做法是在分解时考虑尽可能减少换型作业，以产品型号为单位按顺序分配。当不需要进行换型作业时，可以每天给 A1、A2、A3 分配一定的数量。

❀ 从产品组到产品型号的分解示例

计划表X

产品A	N月	N+1月	N+2月	N+3月
A1	50%	45%	50%	40%
A2	20%	25%	25%	30%
A3	30%	30%	25%	30%

计划表Y（以汽车为例）

产品A		
基本构成	车身 引擎	100% 100%
可选项	手动5挡 自动5挡 自动4挡	25% 45% 35%
追加项	导航 行车记录	30% 20%

↓

当每月生产数为100台时

产品A	N月	N+1月	N+2月	N+3月
A1	50	45	50	40
A2	20	25	25	30
A3	30	30	25	30

↓

生产数为100台时

产品A		
基本构成	车身 引擎	100 100
可选项	手动5挡 自动5挡 自动4挡	25 45 35
追加项	导航 行车记录	30 20

❀ 从以月为单位到以天为单位的分解

第一步

产品A	1一	2二	3三	4四	5五	6六	7日	8一	9二	10三	11四	12五	13六	14日	15一	16二	17三	18四	19五	20六	21日	22一	23二	24三	25四	26五	27六	28日	29一	30二	合计
方案1	4	4	5	5	5			4	4	5	5	5			4	4	5	5	5			4	4	5	5	5			4	4	100
方案2	5	5	5	4	4			5	5	5	4	4			5	5	5	4	4			5	5	5	4	4			4	4	100
方案3	5	5	5	5	5			5	5	5	5	5			5	5	4	4	4			4	4	4	4	4			4	4	100

↓ 选择方案1

第二步

产品A	1一	2二	3三	4四	5五	6六	7日	8一	9二	10三	11四	12五	13六	14日	15一	16二	17三	18四	19五	20六	21日	22一	23二	24三	25四	26五	27六	28日	29一	30二	合计
A1	4	4	5	5	5			4	4	5	5	5			4																50
A2																4	5	5	5			1									20
A3																						3	4	5	5	5			4	4	30
合计	4	4	5	5	5			4	4	5	5	5			4	4	5	5	5			4	4	5	5	5			4	4	100

MRP（物料需求计划）的结构与功能

MRP 的构造

为了按 3-5 中的基准生产计划进行生产，首先要安排生产中所需的零部件与原材料。所用零部件、原材料少则数百项，多则数万项，都需要安排好。因为手工作业有困难，所以要利用 MRP（Material Requirements Planning：物料需求计划）。为了运作 MRP，需要以下三种信息。

需求信息　主要的需求信息是基准生产计划，除此之外还有零部件、原材料等独立需求信息。

基准信息　包含了物料需求量展开时，必需的各类主文件信息。物料清单（BOM）和物料主文件、工程表是主要信息，这些被称作基准信息的三大主文件。

库存信息　不仅包括实物的库存，还包括计划入库的部分。

MRP 利用这三种信息，进行物料需求计划，生成采购订单与生产订单初稿。

MRP 的循环计算和计算机制

MRP 根据基准生产计划，利用物料清单，按总需求量计算 →净需求量计算→计划订单的批量集中→计划订单的开始日、完成日计算这样的循环方式，在物料清单中自上而下多次反复，计算出计划区间内零部件、原材料的需求量。因为像钟表的指针一样转动，因此运行 MRP 被叫作转动 MRP。这种循环计算与部件构成的复杂程度无关，不管部件的构成是什么样的，都要转到物料清单最下一层。另外，这里的净需求量是指需求总量减去库存量的差。

MRP 的计算是从物料清单的上面向下，并向垂直与水平两个方向，按步骤进行计算的。

✿MRP的计算循环

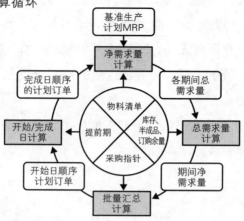

✿ MRP的计算机制

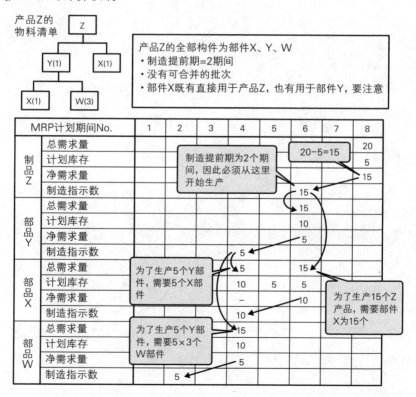

产品Z的
物料清单

产品Z的全部构件为部件X、Y、W
· 制造提前期=2期间
· 没有可合并的批次
· 部件X既有直接用于产品Z，也有用于部件Y，要注意

MRP计划期间No.		1	2	3	4	5	6	7	8
制品Z	总需求量								20
	计划库存								5
	净需求量								15
	制造指示数						15		
部品Y	总需求量						15		
	计划库存						10		
	净需求量						5		
	制造指示数				5				
部品X	总需求量				5		15		
	计划库存				10	5	5		
	净需求量				–		10		
	制造指示数				10				
部品W	总需求量				15				
	计划库存				10				
	净需求量				5				
	制造指示数		5						

制造提前期为2个期间，因此必须从这里开始生产

20-5=15

为了生产5个Y部件，需要5个X部件

为了生产15个Z产品，需要部件X为15个

为了生产5个Y部件，需要5×3个W部件

3-7 MRP（物料需求计划）计算出的采购订单与生产订单的评价

采购订单与生产订单初稿的适用性评价

MRP 的输出是采购订单与生产订单初稿。初稿由专门的部门（生产管理部门）进行适用性的评价。

评价的结果为①无需修改就可以下采购订单；②修改后下采购订单；③停止下采购订单三种。最理想的是订单初稿都按①，但实际上是困难的，①一般会占到整体的 80%~90%，即全体的 10%~30% 为②或③。其中的原因是作为 MRP 系统的输入信息中的需求信息、基准信息、库存信息有问题。

MRP 适用报告的使用方法

MRP 符合性报告是指生产订单或采购订单初稿是否适用的评价与修改结果的报告。不仅对本次结果，对下次的 MRP 改善对策、预防再发生对策的检讨都是重要的信息。

生产管理部门的担当者要探究②③发生的真正原因，并针对调查结果采取改善对策及预防再发生的对策。这样，②③发生件数逐渐减少，MRP 的利用率就提高了，最终将提高生产订单与采购订单的适用性，减少修订所耗费的时间。

MRP 上游管理的重要性

近年来，各制造企业为了提升 MRP 的利用率，引入了上游管理的思路。所谓的上游管理就是对 MRP 的输入信息的完整性、正确性进行事先确认，并进行必要的修正后，再转动 MRP。以 BOM 来说会更容易理解，将一个产品级的不正确项进行修正后再转动 MRP，就可以避免掉成百上千件的部件级、材料级的修正，使得 MRP 适用性评价的效率得到质的飞跃，时间显著缩短。

✿ 对采购订单与生产订单的初稿的适用性进行评价

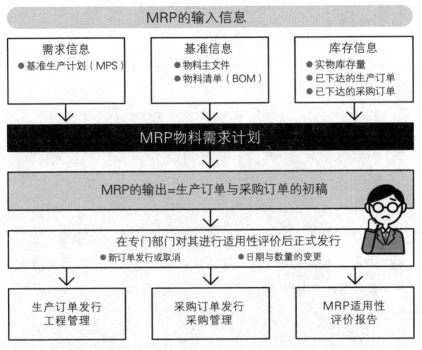

MPS: Master Productions Schedule

✿ 采购订单与生产订单无法使用的原因

需求信息	●基准生产计划制订后又发生了很大的需求变更（接到大订单、大订单被取消）
需求信息	●BOM中有错误 ●设计变更没有反映到BOM或物料主文件 ●生产订单变成了采购订单 ●采购周期或生产周期错误
库存信息	●BOM中有错误 ●设计变更没有反映到BOM或物料主文件 ●生产订单变成了采购订单 ●采购周期或生产周期错误

3-8 | 生产形态分为 MRP 方式与生产编号管理方式

MRP 的特征与功能

MRP 方式根据产品需求预测，具有生产所需资材的采购计划制订功能，在技术方面，有以下两个需要特别强调的机制。

一个是被称作低级代码（LLC：Low Level Code）的特征，各部件在整个产品的构造中，自上而下进行查找，确定在第几层，并以最低一层来表达。这样就能确定在这一层以下不再有同样的部件了，MRP 利用这个代码，将同样的部件全部合并处理，这样是合理的。

另一个是 MRP 输出的生产订单将作为自己的输入，在物料清单中自上而下自动展开的机制。这样获得的资材供给信息根据产品型号进行分别汇总，不但可以进行总量管理，还可以用于各个产品，可以消除准备中的浪费。

生产编号管理的功能及备货方式的比较

生产编号管理方式是指在安排生产时设定了的管理编号，计划、订购、出库、作业指示到出库为止的所有作业都用生产编号来管理的机制。这样做的优点是，产品的实际制造成本、顾客订单相关的进度管理、设计变更时产生的部件变更等管理都变得简单化了。

对于通用部件来说，按生产编号采购的东西不会被随意用掉，这是容易理解的。然而，当订单发生变更，多出来的部件用于别的生产编号或者集中购买时，处理起来很麻烦，系统不太容易应对。

实际上，担当者通过手工进行操作，虽然可以一定程度上防止浪费的产生，但也会造成实际数值与系统中数值的差异，从而带来更多手工作业的弊端。

MRP 方式与制造编号管理方式，不能绝对说哪一个比较好，而是要根据产品的特性来考虑，确定采用哪一个更合适。一般来说，对于汽车、家电产品这样的量产产品，用 MRP 的比较多，而对于生产设备、大型船舶这种定制产品来说，用生产编号管理比较合适。

✿ MRP的处理机制

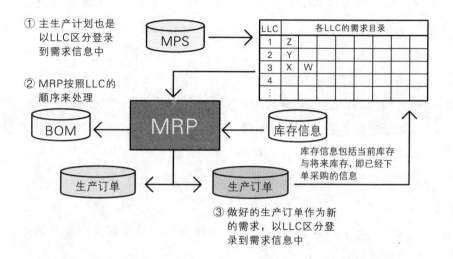

① 主生产计划也是
以LLC区分登录
到需求信息中

② MRP按照LLC的
顺序来处理

③ 做好的生产订单作为新
的需求，以LLC区分登
录到需求信息中

库存信息包括当前库存
与将来库存，即已经下
单采购的信息

✿ MRP与制造编号管理的备货方式的区别

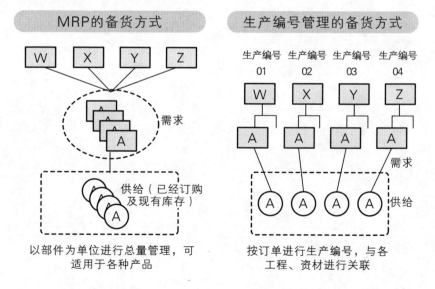

3-9 利用采购管理系统进行订购与收货管理

采购管理系统的作用

制造业中，不仅有生产必需的材料、生产设备，还有文具用品、杂货备品等与生产活动没有直接关系的物品，各种物品都是从外部购入的。为这一系列活动提供支持的就是"采购管理系统"。

采购对象物品分为生产用材料与一般采购品两类，两者各有各的特点。生产用材料是构成产品并最终出货的物品，可以理解为第 2 章所说的 BOM 中的物品。还有一类采购品不直接随产品出货，但也是生产活动中不可或缺的物品或服务。

将两者进行比较后，有以下两项重大区别。

（1）生产用材料是事先取得报价，然后按此价格反复购买；一般采购品是在必要时获取报价，并下单采购，业务流程不同。

（2）生产用材料有需求时，即使在预算外，购买也是理所当然的事；一般采购品如果没有预算，则需要控制购买。因此，虽然可以用同一系统为两个业务流程提供支持，但一般还是分别采用不同的系统来支持。

订货、收货管理的具体方式

在订购、收货管理中，一般情况下，采购方在下采购订单的同时，把送货单也一起附在上面。因为，如果各个供应商都用各自的送货单送货时，收货管理会变得非常麻烦。

另外，供应商也不愿根据不同的客户分别使用不同的送货单出货，也希望使用自己公司的统一格式的送货单。双方的意见是对立的，这时使用采购方的送货单送货是通常的做法。不久前，送货单还都是采用纸质的，需要确保保管场所，检索也很麻烦。现在通过电子数据交换（EDI：Electronic Data Interchange）方式，只需要操作数据，变得轻松了。

因为开具承认书是需要支付印花税的，所以通常的做法是在合同中注明"如果没有明确的拒收就表示接收"的字样作为确认接收的方法。使用 EDI 的话，可以通过系统中的记录来证明，如果将 EDI 的运用委托给第三方，可以提高其客观性。

另外，收货、检查是对收到货物的型号、交期、数量进行确认并接收，如果还不能用于生产，则没有支付的义务。在验收时对功能进行确认，开始生产时，就需要进行支付了。

✿ 采购的是什么样的物品？

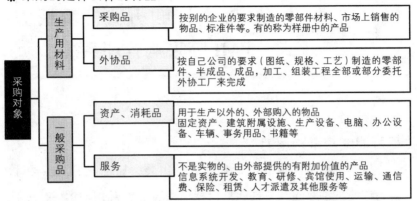

✿ 从订购到支付为止的与交易方之间的协议相关的收货、
检查与验收的区别

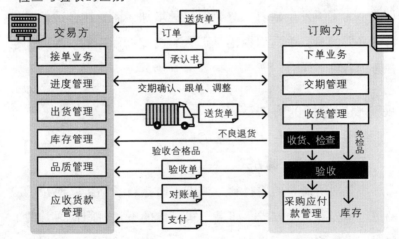

3-10 预估/确定订购方式、看板方式、VMI 等采购管理系统

尽可能缩短采购周期

材料费用占制造成本六到八成的组装、加工业中，必要材料的订购是重要问题。订购是根据需求预测，利用 MRP 来安排的，但如果采购周期很长，就要在希望到货日很早之前就下单订购。为了不发生缺料、避免库存的增加，需要在合适的时候订购必要的量，采购周期不是那么容易就能缩短的。为此，也在考虑各种各样的办法。

采购周期缩短的方法

缩短采购周期有以下三种方法。

①预估/确定订购方式

事先对所需要的原材料、加工工时进行预估，以便让供应商进行事先准备的方式。如果正式订单的下达时间比通常的下单时间大幅缩短，预测的精度提高，对库存的削减能起到相当好的效果。

②送货指示与看板方式

预估/确定订购方式的一种，在实际收货的同时发出送货指示书，根据生产状况实施分批交付的方式。在汽车行业，在预估上再加一个周期作为"预估"信息提供给供应商的供应商，

以求提高全供应链的效率。还可以利用反映实际情况的"看板"来代替送货指示。

VMI：Vendor Managed Inventory
(库存托管方式的一种)

极端的缩短周期的一种方法。库存的归属权是供应商的，事先放在采购方的生产线旁，采购方按用掉多少付多少款。采购方可以确保自己仓库里有零部件，库存和周期都为零，供应商因为能了解到生产计划，容易对零部件需求量进行预测，保存场所也是由采购方提供的，双方建立了互利的关系。系统方面不用做大的变更，也能方便使用。

❀ 各类采购管理系统

通常的下单方式

下单 ← （零部件采购周期） →
原材料采购阶段　零部件生产阶段　运输阶段　用于生产

零部件交付

本公司库存

预测/确定下单方式

减少零部件采购周期中原材料采购周期

← （零部件生产阶段） →
← （预估期间） →

预估　按预估采购原材料　零部件提前生产　运输阶段　用于生产

下单　订单中确定部分的零部件交付

本公司库存

确定订购和交付指示分离型

N月	N+1月	N+2月
按预估采购原材料	内示	内示

本次
5个工作日
交付指示①　下次
①按天的交付指示
（月第1周部分）

5个工作日
交付指示②
②按天的交付指示
（月第2周部分）
交付指示③以后同理

也叫三阶段订购方式
①先预测总数
②确定订购是下个月整月的量
③交付指示的是每周中每天的数量

看板方式

看板箱
②供应商将看板回收
供应商

制造部　零部件使用
①使用零部件时将看板摘下，放入看板箱
零部件

零部件仓库
③按看板指示数量交付零部件

= 看板

VMI方式

零部件采购周期为0
自己公司库存为0

生产计划提示　← （生产计划） →
原材料采购周期　零部件生产阶段　运输阶段

零部件交付

只支付生产中用掉的部分

提供保管场所　供应商库存

108

3-11 支持采购交易的供应商管理（SRM）系统

随着采购管理推进，利润发生变化

采购管理的推进方法也会影响到利润。因产品不同而不同，制造成本中材料的占比为 60%~80%，如果能够压缩材料费用，压缩的部分就是利润的增量。

而如果缺一个材料就会引起生产的中断，适时、适量地进行材料的供应，支持生产，也是采购管理的重要任务。

SRM（供应商关系管理）

根据上述观点，采购管理是重要的，而要实现这一目标，和优秀的供应商携手建立互利关系非常重要。支持这项业务的信息系统是 SRM（Supplier Relationship Management：供应商关系管理）。SRM 的目的是确保优秀的供应商、降低采购单价、改善采购业务的效率。企业要重新认识与供应商的关系，将这种关系上升到战略管理层面，是一种对设计开发到零部件采购业务进行整合、改善的机制。

SRM 中还包括设计开发过程中对零部件选择的机制，因此可以说设计部门的业务也在 SRM 的范围。具体地说，开发者在参考供应目录、供应商信息等数据库的过程中选定零部件，开展设计工作。

设计开发、部件与材料的采购，甚至生产制造部门利用所管理的通用零部件、供应商数据，开展战略采购业务，实施综合改善，来实现成本的下降与利益的增长。

在3-10中，对零部件与材料的订购、收货管理、预估/确定订购方式等体制进行了解说，这些采购管理体制的应用是否成功，很大程度上是由供应商是否优秀来决定的，从这个角度来看，SRM可以说是重要的系统。

❀ 为什么采购管理很重要

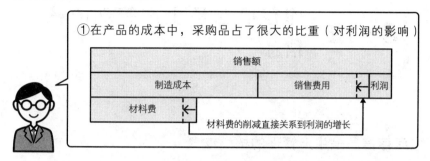

① 在产品的成本中，采购品占了很大的比重（对利润的影响）

销售额			
制造成本		销售费用	利润
材料费		材料费的削减直接关系到利润的增长	

② 生产活动的第一步

如果没有材料，生产就会中断。没有交期延误、没有不良发生，适时、适量地采购材料来支持生产，是采购的重要职责。

❀ 供应商关系管理（SRM）系统

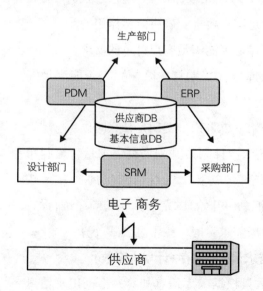

生产部门

PDM　　　ERP

供应商DB

基本信息DB

设计部门　　SRM　　采购部门

电子 商务

供应商

SRM要达到的功能
· 潜在的供应商及其与产品相关的信息DB
· 个别供应商相关的信息（经营状况、技术动向等）
· 全球化功能
· 供应商交易履历及业务信息（品质、交期、成本）
· 合同管理
· 采购流程管理（报价、签约、下单……）
· 推进协作 （参与开发等）
· 试制管理
· EC（电商：Electronic Commerce）
· 业绩统计

库存信息是生产管理的核心信息

库存信息是生产管理的核心信息

　　库存信息是生产管理的核心信息。没有库存就没法生产。然而，库存过多，资金流会恶化。反之，太少时，会发生生产效率下降、失去商机。可以说，由各业务系统构成的生产管理系统是以库存信息为中心运转的。

有效应用库存信息的信息系统

　　●**交期回复系统**。按下列优先顺序确认库存，进行交期回复。有无库存对是否能满足客户要求起着决定性作用。

　　·第1优先：当前库存是否能满足客户订单的要求；

　　·第2优先：计划入库数（采购订单余额）是否能满足客户订单要求；

　　·第3优先：现在开始下单采购，交期是什么时候。

　　●**MRP系统**。将基准生产计划展开到资材需求量，编制所需资材的采购订单、生产订单初稿。资材需求量的展开是按"总需求量→净需求量→汇总→开始日/完成日"的顺序进行的，以库存信息为基础，计算净需求量时，按下列公式计算：

净需求量＝总需求量－（库存＋计划入库数）

　　●**WMS系统**。库存数量根据入库信息加算、根据出货信息减去。当出入库信息有误时，库存信息的精度就下降了，因此将正确的信息输入系统很重要。

- **库存系统**。库存金额、库存周转率、库存周转周期、长期呆滞库存、死库存等需要进行定期调查，以确认库存的健全性。

- **成本管理系统**。库存信息作为盘存资产，是用于成本计算、财务会计、管理会计的重要信息。

库存信息不仅是信息系统的一部分，还被用于生产管理作业的各个环节。从这个方面来看，可以说库存信息是生产管理的核心信息。

❀ 生产管理的目的

满足客户的需求，并且保障企业内部业务的高效化，维护必要的、最小限度的库存，追求资金的高效运转

具体是：
· 保持合理的库存
· 保持准确的库存记录
· 防止库存资产的损失

库存过多、过少都会影响效率

❀ 库存信息是生产管理的核心信息

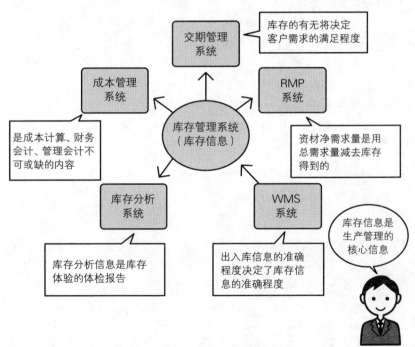

交期管理系统

库存的有无将决定客户需求的满足程度

成本管理系统

是成本计算、财务会计、管理会计不可或缺的内容

库存管理系统（库存信息）

RMP系统

资材净需求量是用总需求量减去库存得到的

库存分析系统

库存分析信息是库存体验的体检报告

WMS系统

出入库信息的准确程度决定了库存信息的准确程度

库存信息是生产管理的核心信息

WMS: Warehouse Management System（仓库管理系统）

114

3-13 要提高生产管理系统的精度就要提高库存的精度

如何提高库存精度？

库存精度，简单地说是由账面（电脑中记录的数量）和实物数量的差异决定的。这个差值大、库存精度低的时候，生产管理系统的输出精度也低，需要频繁地进行修正。修正作业量大了之后，大家都不再相信生产管理系统了。

保持库存精度，其实也很简单。只要将入库数量、出库数量准确地录入库存管理系统就可以了。以第 117 页上图所示的据点的库存来讲，这个据点一小时前的库存量与现在的库存量可以用公式表示如下：

当前库存数量=1 小时前库存数量+这 1 小时中的入库总数－这 1 小时中的出库总数

只要将入库信息、出库信息无遗漏地输入库存管理系统就可以了。然而，在实际工作中却很难遵守。

117 页中间的图表示的是入库信息和出库信息，并被划分为"计划"和"计划外"。通常情况下，计划外信息与计划信息相比，在录入时更容易被漏录、误录。基于这个原因，要制定提高计划外信息录入精度的机制，以保证库存的精度。例如，出入库信息不录入就不能移动物料，导入这种确保信息与实物一致的作业很重要。

如何修正库存的偏差

库存偏差通过盘点来修正。盘点有①同时盘点、②循环盘点、③随时盘点三种。库存偏差根据实物数量来修正账面数量。实物数量与账面数量完全一致时，称为"账物一致"，是各企业都在追求的。

❀ 库存随着出入库发生增减

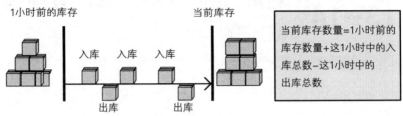

❀ 什么是入库信息和出库信息

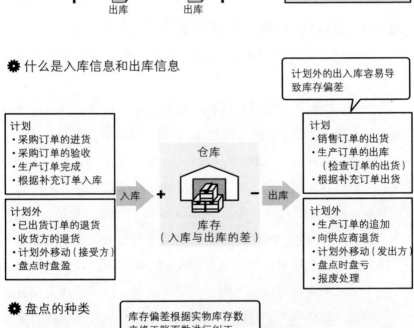

❀ 盘点的种类

库存偏差根据实物库存数
来修正账面数进行纠正

①同时盘点

在特定的时间点，对所有的库存品进行同时盘点

②循环盘点

针对特定的物品，按天、周等周期进行定期盘点

③随时盘点

库存数低于一定量或者为零时，对该物品进行盘点
因为库存数量少的时候，作业简单了，也不容易出现差错

3-14 利用 ABC 管理法可以有效削减库存

库存有资材和资产两方面的特性

库存具有资材和资产两方面的特性，各方面都有管理的需要。

首先，作为资材来进行库存管理时，要点是零部件编号和数量。在进行零部件编号和数量管理时，重点是"账物一致"及"合适的库存"。所谓账物一致是指电脑中记录的数量与实际保管的实物数量相一致。另一项合适的库存不仅指库存本身合适与否，还要能应对各种变化，保证可以生产的适当数量。

其次，作为资产的库存管理就是要管理金额，这里的要点是现金流（资金效率）与结余库存金额。现金流的评价基准是库存金额占销售额的比率。库存金额比率低，就可以认为是资金效率高。还有一项结存库存金额是结余库存换算成金额，金额越小越好。结余库存下降时，为了维护不必要库存所需的费用也会下降，从而提高公司的利润。

通常，作为资材的库存，由以生产管理为中心的人员来进行管理，作为资产的库存以财务为中心的人员来进行管理。

作为资产的库存管理的要点是 ABC 管理

ABC 分析法在进行库存分析、商品分析时常常被用到。在实施 ABC 分析法时，首先，按不同的零部件、材料，以单价乘以年度使用量算出年度使用金额。其次，按年度使用金额从大到小将零部件、材料进行排列，用累计金额图表（帕累托图）进行描述。

在帕累托图中，累计金额占全体 85% 的、使用金额大的零部件、材料划分为 A 类，85% 到 97% 的零部件、材料划分为 B 类，其余划分为 C 类，这样就可以看到，A 类品种数少，C 类虽然金额只占到 3%，但品种数量膨大。而作为资产来管理库存时，重点是管理数量少、金额大的 A 类物资。

具体来说，订购批量及安全库存的最小化是库存管理的铁律，被称为"重点管理"。C 类物资正好相反，与金额相比，更应注重作业效率的提高。

✿ 库存有资材和资产二重特性

☐ 作为资材的库存 (零部件编号与数量管理)
　 管理的要点是 "账物一致" 和 "合适的库存"

☐ 作为资产的库存 (金额管理)
　 管理的要点是 "现金流" 和 "结余库存金额"

✿ 利用帕累托图的ABC分析

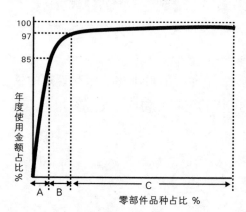

ABC分类	使用金额占比	品种数占比
A类	85%	5%
B类	12%	15%
C类	3%	80%
合计	100%	100%

ABC分析也称作2-8理论

根据ABC分析的管理重点

ABC分类	订购批量	安全库存	盘点频度
A类	一周	2天	每周 (循环盘点)
B类	一个月	一周	每月 (循环盘点)
C类	三个月	一个月	每年一次

3-15 保障生产可行性的生产排程系统

制造部门的排程与缩短周期的方法

制造部门在接到产品生产订单与零部件生产订单后，为了达成生产数量与交期，需要制作日计划排程、进行负荷的计算与调整。为这些工作提供支持的系统就是生产排程系统。

生产排程系统将每个订单按工程进行展开，计算出所有工程的计划开工日与计划完成日。计划排程有两种，即向后排程、向前排程。向后排程有时会发现生产开始日已经过去了，向前排程如果发现交期会延迟，就要想办法缩短周期。

缩短周期有以下三种对应方法。对策①从第一道工程开始，将每个工程之间的等待时间逐个最大限度地进行调整。分析等待时间要缩短到哪个工程为止。对策②所有工程间的等待时间按同样比率进行缩短。对策③工程交叠推进，前工程作业还没有完成，后工程就开始，这样可以大幅度缩短周期。采用交叠推进时，要将生产批量分割成小批量，或者想办法实现一个流的生产方式。

通过各工程的合计与峰值的消除来调整负荷

各生产订单的交期问题解决后，下面就要进行工程负荷合计与均衡化了。所谓工程负荷的合计是指将所有生产订单的负荷按工程进行合计，当负荷超出工程能力时，就无法执行（生产），需要制定对策。对策之一就是消除峰值，对于超出工程能力的生产订单，通过与前后工程的排程调节，将其安排到生产能力有富余的时间段进行提前生产。

❀ 向后排程与向前排程

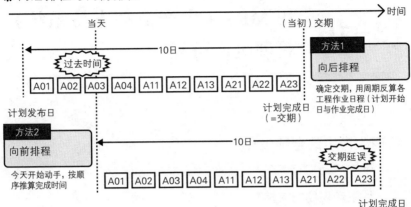

❀ 缩短周期时间的对策

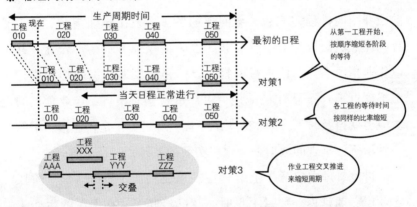

❀ 各工程负荷合计、消除负荷峰值

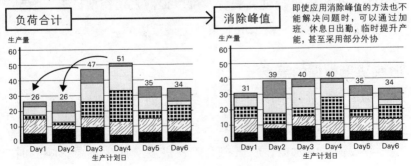

3-16 用 MES（生产活动支持系统）管理生产排程

管理生产中的全部工程

生产活动支持系统（MES：Manufacturing Execution System）是一种生产现场的支持系统。

生产活动支持管理系统中，特别重要的是工程进度管理。前面介绍的排程完成后，会向现场各工程发出作业指示。各工程的作业员是根据作业指示书（也叫指令）开展生产作业，并以作业指示书为单位进行汇报。以前是以纸质票据的形式进行汇报，近来，随着 IT 的应用，可以进行实时报告，作业延迟的对应也变得及时了。第 126 页的下图（工程 3）是作业报告书的一种示例，报告的数据是计划与实绩的差异，一目了然。

进度管理中包含了上游管理的重要功能。当进入出货阶段才发现交期延迟、数量不足时，就已经晚了。在上游的生产工程中对每个阶段进行进度确认，可以提前发出交期延迟、数量不足的前兆，这个时候采取对策才是最重要的。

收集进度数据的要点

为了有效进行进度管理，需要信息的收集。需要注意该收集什么样的信息，什么时候收集。

收集信息的时机，应该在对工程进度会产生重要影响的时点，具体为下述 5 个点：

①物料清单层级变更；

②与产品的成品率相关的工程；

③到达耗时长的工程时与完成时；

④下工程是分开或合并节点；

⑤产品附加价值、规格等发生重大变化的点。

另外，关于收集信息的种类，当工程进度发生异常时，应该可以用这些信息来进行原因分析，比如下面两类：

· 工程信息有：数量、成品率、作业开始、作业结束 4 类

· 运输相关有：装车、出发、到达、卸下 4 类

这些都是可以分析工程进度异常原因的信息。信息收集时，（1）尽可能利用现有的信息；（2）信物一致（实物的动态与信息一致）是要点。

❀ 工程进度管理的重点是上游管理

在出货阶段管理交期	→	在生产阶段管理进度
即使发现交期赶不上，也没法儿重新来一遍		通过工程进度确认与提前应对，防止交期延迟的发生

❀ 应该收集的信息（工程进度相关）

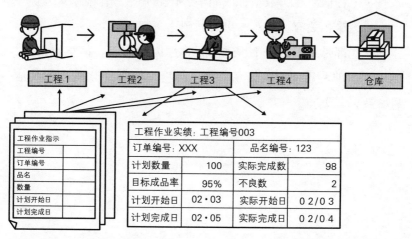

工程1	工程2	工程3	工程4	仓库

工程作业指示	
工程编号	
订单编号	
品名	
数量	
计划开始日	
计划完成日	

工程作业实绩: 工程编号003			
订单编号: XXX		品名编号: 123	
计划数量	100	实际完成数	98
目标成品率	95%	不良数	2
计划开始日	02·03	实际开始日	0 2 / 0 3
计划完成日	02·05	实际完成日	0 2 / 0 4

❀ 信息收集时的注意点

- 尽可能应用现成的信息
- 保证实况与信息一致

126

3-17 | 基于看板方式的制造管理系统

什么是看板方式？

在 1-10、3-10 中对看板方式进行过介绍。这里针对生产工程进行说明。说起看板方式，就会联想到丰田汽车。在这种方式中，被称作"看板"的卡片、表单等是随着实物一起移动的。具体说，通过看板，将"何物、何时、多少、哪里"等后工程的实绩信息向前工程传递。根据这个信息，前工程只按必要的数量生产的必要物品，送到需要此物品的后工程。

看板方式的基本要求是"只领取用掉的部分""不需要的物品不领取"。近年来，分布在各地的工厂间、外协企业间开始不再用实物的看板了，而采用"电子看板"。

生产指示看板与领取看板

看板有给设备、生产线发指示作用的"生产指示看板"和从材料放置区领取材料作用的"领取看板"。请参考第 129 页下图，观察看板的运作方式，思考看板的作用。

①放在半成品区Ⅱ中的为完成品组装线上使用的材料，上面附有被称作"领取看板"的纸片。在使用这些半成品时，只将取下纸片的半成品发给完成品组装线。

②在半成品区Ⅱ取下来的看板，将被集中，并返回到半成

品区 I。

③从半成品区 I 向半成品区运送物料时，只发领取看板对应的数量，这时候，需要将附在实施上的生产指示看板摘下来，换上领取看板。于是，从半成品区 I 向半成品区 II 移动的过程中，实物上挂的是领取看板。

④半成品区 I 摘下来的生产指示看板将返回到设备、加工线上。设备、加工线只按看板指示的数量安排生产。生产完成后，附上生产指示看板，入到半成品区 I。

看板方式导入的前提条件

看板的导入不是一朝一夕的事，必须先解决"生产的平准化""作业的标准化""准备时间的缩短""不良率的降低"等问题。先要开展这些改善活动，再确认是否可以导入。

看板方式的特征

| ① 后工程在使用的物料，将必要的数量告知前工程 | ② 前工程只生产后工程需要的数量 | ③ 后工程向前工程传递信息的媒体为"看板" |

看板放在
看板盒里

 生产指示看板与领取看板

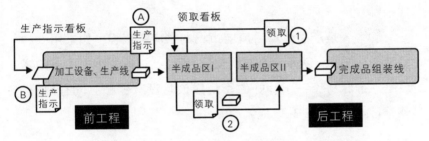

生产指示看板

Ⓐ 物料被领走时，摘下看板

Ⓑ 只生产摘下来的看板的数量

领取看板

① 物料在使用时，摘下看板

② 前工程领料时，只领取摘下看板的部分

129

3-18 物流可视化消除无效的物料

四种物流

工厂要将生产出来的产品交给顾客，物流是不可或缺的。物流分为①采购物流、②生产物流、③销售物流和④回收物流四种。

①②③是产品生产后流向市场的供应链流程，如果用人的血液来打比方，就是"动脉物流"。反之，返回到生产中来的④就是"静脉物流"了。好的物流应该是没有停顿、没有回流、朝着目的地顺利、高效地流动。

为了保管、移动销售剩余下来的产品而产生的浪费

销售据点上的库存安排是由销售部门进行的。销售部门关注的是，当顾客有需要时，不会出现断货。因为，缺货不但会丧失消费者的信任，还会降低销售额。为了避免出现断货，销售部门倾向于比实际需求（顾客订单）多安排一些库存，这就是造成销售后剩余的原因。

这些剩余下来的是不会马上处理的，这就会发生保管、移动，这些明显是不能产生价值的无效物流。

物流的可视化

各个物流据点、运输中的库存信息无法获取、信息的不准

确等将造成物流的浪费。在没有掌握必要信息的情况下运送物料，可能会送错目的地、送错数量等，发生某种错误是必然的，最终的结果就是产生物流的浪费。

要避免物流中的浪费，必须准确掌握各物流据点、在途库存信息。这叫作物流的可视化。理想的物流是根据顾客、市场的需求，将需要的物品、在需要的时候、按需要的量运送到需要的地方。要做到这些，利用好"仓库管理系统（WMS：Warehouse Management System）""运输管理系统（TMS：Transport Management System）"等 IT 工具是重点（参考 3-19）。

✿ 产品销售有剩余时就会产生物流的浪费

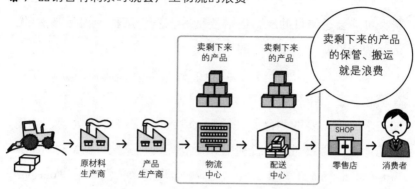

✿ 物流、库存看不到就会产生浪费

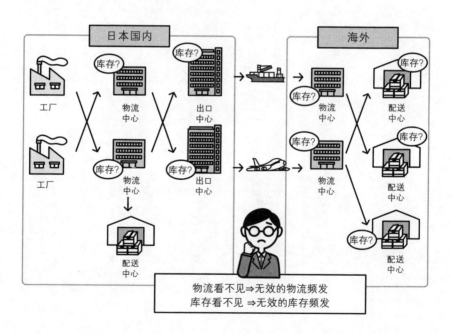

3-19 仓库管理系统和运输管理系统

节点（物流据点）与连线（运输手段）

物流分为保有库存的节点（物流据点）和连接各物流据点的连线（运输手段）。节点包括生产据点的工厂、物流据点的物流中心、配送中心等。连接各节点之间的运输手段叫作连线，有卡车、铁道、海上运输、航空运输等各种各样的手段。在考虑优化物流时，要将相关所有节点与连线都考虑进去，以求获得全局最优。

WMS（仓库管理系统）与 TMS（运输管理系统）

具有代表性的物流系统中，包括①高效运作节点，获取信息、数据，给其他系统提供支持的 WMS（仓库管理系统）；②追求连线运输的最优化，获取信息、数据，与其他系统进行连接的 TMS（仓库管理系统）两项。

①WMS（仓库管理系统）主要是为货物入到仓库、库存管理、从仓库发出货物等业务的最优化提供支持。将入库的货物输入 WMS，将货物放置到仓库里的货架上，更新库存信息。

有了出货指示后，通过 WMS 将需要取出的货物准备好，备货时的备货指示书通过 WMS 发行。备货担当者根据备货指示书进行备货，这些信息回到 WMS，对出货状态进行更新。WMS 就可以掌握当前的库存信息，还可以将仓库内的作业指示通过WMS实现系统化。

而②TMS（运输管理系统）有掌握运输中货物状态的跟踪功能，选择最优运输路径、手段的应急功能。近年来，通过TMS与GPS（Global Positioning System）的结合，可以知道车辆的位置信息，从而使得派车的优化、客户物流服务的提升、能源的节约再上一个台阶。

❀ 物流据点（节点）与运输手段（连线）的关系示例

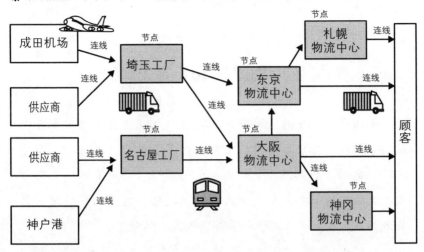

❀ 仓库管理系统（WMS）与运输管理系统（TMS）

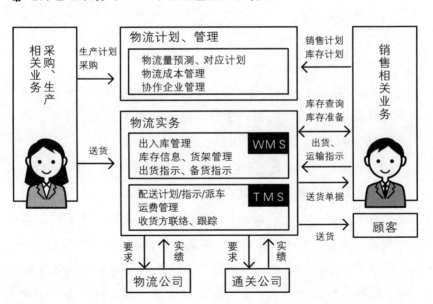

WMS:Warehouse Management System
TMS:Transport Management System

工厂物流是 IoT 的先锋

面向自动驾驶的技术开发正在快速推进，各个公司都在克服困难，从"部分自动驾驶功能"的第 2 级向"条件控制自动驾驶"的第 3 级迈进。爱好高尔夫的诸位，应该有不少人会在高尔夫球场的小车上率先使用自动驾驶吧，其实工厂中使用的物流用无人搬运车从几十年前就实现无人驾驶了。

当时是在铺设的轨道上行驶，装有探测人、障碍的传感器，通过控制方式管理优先顺序、位置信息。可以说，最先进的自动驾驶所需要的几个关键技术，已经全部开发出来，并得到了应用。

同样，再看看每天都要去的超市、便利店，被当作收银员的 POS（Point of Sales）系统，可以在几十年前的工厂物流看到它的原型。工厂内外使用的零部件箱上贴有条形码，用于工厂收发货、仓库出入库的节点上的实绩收集。

其他比如，通过大型自动仓库及高速自动分货系统的运行，实现短交期的宅配系统的运营，已经众所周知了。另外，已经开始将卡车位置信息、装载信息等应用于空车的共享系统，其对削减交通量、解决卡车驾驶员不足的贡献也是值得期待的。

不久的未来，利用无线遥控飞机、无人售货系统的高速配送服务的试验飞行等实用化的试验将开展，今后对社会造成冲击的技术开发将在物流领域展开。

　　从 IoT 技术发展的角度看，与物流领域有着密不可分的关系，物流是 IoT 的先锋。工厂是生产产品的地方，物流当然不是主角，但是，在 IoT 发展历程中是重要的主角之一。

（竹内芳久）

第 4 章

支持产品制造的重要功能
与世界最新状况

4-1 安全管理是工厂最重要的功能

安全相关技术的发展

都说工厂的重要管理内容是 QCD（参考 1-1），其实，安全管理（S：Safety）才是最优先的课题。有的地方还用"SQCD"来表达。彻底实施安全管理是工厂管理者最优先的课题，也是一种社会责任。

安全保障与装置、设备之间有着不可分割的关系。例如，数十年前，为了防止压到手，就在冲床上安装了双手开关。光电管区域感测器问世以后，双手开关就被这个系统取代了。手伸到里面后马上能被检测出来，并立即停止。区域感测器还被广泛应用于禁止进入的区域等场合，现在都已经成为理所当然的事了。

装置、设备上，也增加了能事前预知异常的系统。例如，在原来对油、空气、水的流量、压力进行监视的基础上，以前作为黑匣子的设备内的燃烧、化学反应的状态已经可以通过画面处理实现可视化，并开发出了装有可以感知声音异常、振动的传感器设备。另外，利用传感器识别人或障碍物，感知到了危险将自动停止的无人运输车等，IT 设备在工厂安全管理领域正发挥着重要作用。

安全相关信息的共享

工厂的安全活动是全员参加的活动。安全相关的信息的保存、共享活动是重要支柱，这方面 IT 也是有贡献的。

工厂内，实际发生的重大灾害事故自然不必说，受到惊吓的记录等，也扎扎实实地采取对策。像这样膨大的信息，要进行数据化，并储存、利用时，数据库技术和检索技术就有了用武之地。

另外，对于全球化展开的工厂等，工伤案例、重大安全事故的预警等如何尽早进行告知，也是一个重要功能，需要考虑利用互联网、内部网络，在最短时间内在世界各地进行信息共享。

❀ 安全管理是工厂业务的最优先课题

❀ 安全管理数据库示例

4-2 | 为满足客户需求开展品质改善活动

让品质始终保持稳定

为了保证品质始终稳定，重点是即使出现了一些问题，也不降低品质标准。

第 146 页的图中，品质检查的数据都在基准值的容许范围内，显示出品质极其稳定。而其下面的图显示中心向左偏移，一部分的检查结果超出了允许范围，是一个不好的示例。通过这样的信息来监视日常工作中的品质状态，当中心值偏离公差中心时、检查结果的宽度 σ（标准偏差，反映的是数据的波动特性）变大时，就要进行原因分析与改善，以保证品质的稳定。

持续进行品质改善

通过品质维护活动，保持了稳定的品质，但不是这样就算完了。当顾客提高品质基准时，需要进行对应；被称作品质成本的品质保证与品质管理相关费用的削减也是追求的目标。因为在发生不良时会造成浪费，检查、品质管理所发生的、不是直接产生附加价值的费用投入有时也不少。

为此，通过品质改善活动，实施业务改善，在设备、治工具等硬件改良的基础上，利用帕累托图、柱状图、特性要因图等 QC7 大工具中具有代表性的问题分析工具，统计处理，是重要的活动支柱。而从生产设备等方面收集来的品质信息、设备运转信息等大数据，可以通过 AI 来提高品质改善的效率，提升改善速度。

实现了新目标后，再进入品质维持活动，在管理品质波动的过程中，开展日常业务，保障品质的稳定。

❀ 通过对品质波动的判断来开展管理

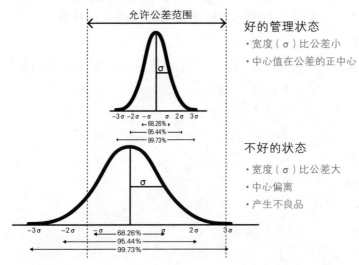

好的管理状态
· 宽度（σ）比公差小
· 中心值在公差的正中心

不好的状态
· 宽度（σ）比公差大
· 中心偏离
· 产生不良品

❀ QC7大工具

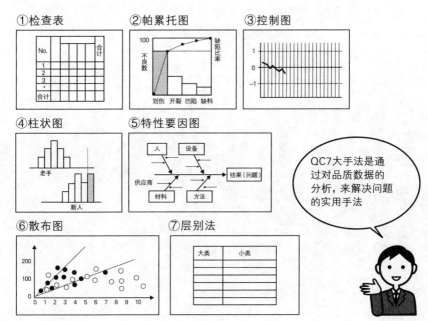

①检查表

②帕累托图

③控制图

④柱状图

⑤特性要因图

⑥散布图

⑦层别法

QC7大手法是通过对品质数据的分析，来解决问题的实用手法

146

4-3 品质检查体系与可追溯性

检查的种类与 AI 的应用

即使日常品质管理在认真进行，也要仔细对品质进行确认，这项工作就是检查业务。检查可以分为三类，分别按检查方式、检查目的、检查特性进行，各个种类还可以进行细分。

按特性检查中的感官检查分类，包括像目视检查等通过人的五感来检查气味、味道、颜色、细微的擦伤、变形等，可以检查用机器难以判断的项目。人的检查一直以来都是必要的部分，最近也在推进利用 AI 来实现自动检查了。AI、影像识别技术日新月异，可以迅速判断狗、猫的品种，可以确认护照与本人是否相符。从检查的领域来讲，可以利用这项技术实现目视检查的自动化。

利用人来检查的时候，熟练者与生手在检查水平上是有差异的，而且长时间的检查作业，会给眼睛造成负担等，也是要解决的课题。这些课题据说可以通过应用 AI 来解决，那么到底如何解决呢？对于新产生的不良来说，因为在大数据中还没有足够的不良样品，机器即使学习了，也不能发挥威力。在这个方面，因为人类有判断差异的特殊能力，即使初次出现的问题，也会感觉到"哪里不对劲"。人类与 AI 的协作是一个重要领域。

利用可追溯性锁定问题的原因

去大型超市、肉店时，可以看到这个牛肉是"某县某人养的和牛"一类的标识。通过什么路径到达店里的，把物品的来历描述清楚了，消费者就可以放心享用了。

这种物流履历管理的手法被用到了制造业，原材料采购→材料加工、组装→最终完成品的交付→报废等一系列流程，从品质的角度进行体系化管理的机制就是可追溯性。出现问题时，可以马上对造成该问题的材料、过程进行确认，将影响锁定在最小范围内，将对顾客的伤害降低到最小限度。

❀ 品质检查的种类

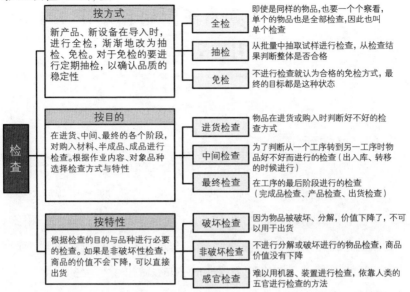

❀ 各部门问题信息的共享

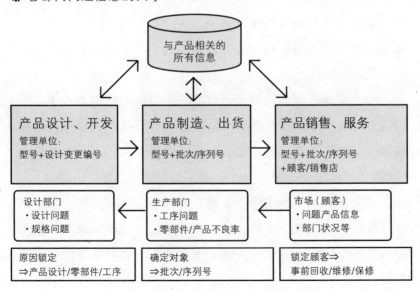

4-4 成本计算的新作用和基于 IoT 的精度提升

成本核算的新作用

在制造业经营中，财务的看法是"产品盈利能力"和"盘存资产的现金流上升"，所以要通过成本计算实现"可视化"。

成本计算的目的与 20 世纪 60 年代制定的成本计算基准相比没有变化，但从今天的快速经营、全球化经营的角度来说，产生了新的课题。在解决这个课题时，IoT 做出了巨大的贡献，其效果可以概括为下列 4 点：

（1）与会计协作，以提高利润与盘存资产为目的，推进单位产品的利润与现金流的可视化。对工厂中的材料、半成品、成品的库存普及条形码，实现自动输入，与手工录入相比，产生了质的飞跃。

（2）成本计算的时间缩短以后，决算的时间也缩短了。利用物料清单，可以根据产品产量反过来计算投入的资源，这种机制也得到了普及。现场加工实绩、活动时间可以进行在线或短周期内收集，在这些方面也体现了其贡献。

（3）标准成本与实际成本的差异作为成本差异，按部门实施可视化，追查原因的工厂责任会计的精度也越来越高。每天跟踪汇率变化与市场动向，现场发生的费用也可以细化到小范围内。

（4）KPI（关键绩效指标）的设定与计算方面，可以快速处理大量数据，KPI 的精度也提高了，根据指标每天进行 PDCA。

IoT 提升了成本计算的精度

ABC 成本计算（Activity Based Costing：基于活动的成本计算）中，必须正确掌握在各个产品的生产中所投入的作业人员与设备时间。近年来，开发出了反映作业员、设备运转状态的传感器、机器，并加入了软件，对人、作业时间的细节进行掌握、分析。另外，目前为止只能掌握各区域的水、电、油等总量，设置了传感器、测定器后，可以掌握各生产线、设备的状况。

❀成本计算的作业与流程的演变

制定成本计算基准时的目的 ➡	今天的新课题 ➡	成本计算相关流程的新动向
① 与财务各报表中制造成本的关联	缩短决算时间	·利用BOM展开,成本计算调整化 ·利用IoT及时收集生产活动信息
	关联成本可视化	利用RPA及时沟通企业间的信息
	交易税收、关税对应	·连接成本、附加价值计算
② 提供产品价格核算的依据	有效利用成本信息进行成本企划	·各活动的成本测算 ·利用IoT收集高精度的活动的信息
③ 提高生产效益	单位活动成本的确定	·制造活动定义与成本测算 ·通过MES与IoT测定活动速度 ·标准成本计算的固化
	单位时间的成本核算	
	成本差异的可视化与部门责任的明确化	
④ 为下一期制造预算的制定提供参考	根据行业环境变化,预测未来成本	·标准成本计算的应用 ·直接成本计算的应用 ·根据环境变化预测成本
⑤ 为生产决策提供支持	根据行业环境变化,对KPI进行预估 ·确定设备投资 ·确定生产据点与供应商 ·确定自制或外协 ·汇率变动与市场变动	·通过KPI实现生产流程结构化 ·生产革新效果的预估

❀从生产来看成本数据的收集范围

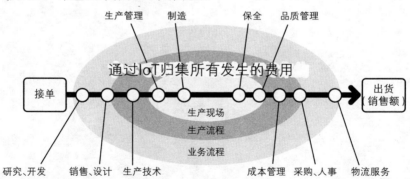

4-5 基于成本管理系统的成本信息应用

成本信息在工厂里是这样使用的

成本信息包含了利润、现金流等，在工厂中是这样应用的：

(1) 生产绩效改善活动

成本管理的作用是让降成本的活动有计划、系统地推进。具体内容是"如何以便宜的成本获得原材料、零部件""工厂中的作业如何高效开展"等。而且，管理的费用有很多细分项目，IT 的支持是不可或缺的。

(2) 成本改善活动

成本改善活动的重点是各部门的作用切实地得到发挥。因此，重要的是始终有新的构思与方法来推进改善。

①每年都开展的常规活动。在年初时，根据利润计划，制定成本目标与成本改善计划，在这一年中开展改善活动。

②新产品开发时的活动。在新产品开始时，制定此新产品的成本目标，并针对目标开展成本改善活动。

成本管理系统在应对变化的决策中的应用

成本信息在下述经营、生产重要决策中得到应用，随着 IoT 的发展，为提高决策速度与精度提供了支持。

(1) 生产据点变更的决策

变更时，据点生产成本、生产现金流、汇率变动时的采购等，对销售价格的影响要进行评估。

（2）供应商选择的决策

汇率变动、特惠关税等对采购成本是否有利、缩短交付周期增加库存现金流在供应链环境变化中的效果等，对采购战略决策的制定将产生重大影响。

（3）原材料价格上涨是制造企业经营的终极课题

通常，在制造型企业中，原材料占了制造成本很大的比例，因此要提前掌握价格变动的要因，模拟回避采购战略风险的效果。

（4）设备投资的决策

根据不同的项目，对于投资现金回收收益率、安全性、投资收益率的比较等，能进行定量测定。

❁ 利润、现金流计算（例）

（百万日元）	项目	计划	实绩	差异
利润计算	销售额	200	190	- 10
	材料费	80	76	- 4
	劳务费	30	20	- 10
	外协费	15	5	- 10
	物流费	10	5	- 5
	制造固定费	50	40	- 10
	全部成本合计	185	146	- 39
	毛利润	15	44	+ 29
现金流计算	成品库存	20日	16日	- 4日
	半成品库存	10日	8日	- 2日
	原材料库存	60日	30日	- 30日
	现金增减	–	–	+ 25
生产信息	设备稼动率	70%	85%	+ 15%
	产品成品率	89%	92%	+ 3%

❁ 制定决策的铁律

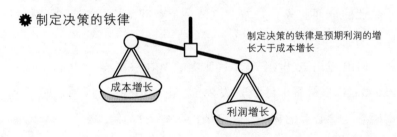

制定决策的铁律是预期利润的增
长大于成本增长

4-6 | ERP 是支持工厂全体业务的基础信息系统

什么是 ERP

ERP（Enterprise Resource Planning）是指对企业所有的经营资源进行综合、有效的计划、管理，以求获得经营高效化的手法与概念。实现这个概念的综合性成套软件就是 ERP 软件，简称 ERP。ERP 的作用包括销售、物流、库存管理、生产管理、采购管理、管理会计、财务管理、人事管理等综合管理，覆盖了企业的全部业务。另外，还具有企业间的供应链、全球化对应的功能。

ERP 是由 20 世纪 70 年代诞生的 MRP（Material Requirement Planning：物料需求计划）发展而来，MRP 在工厂采购时的基本概念是"必要的物品、在必要的时候、按必要的量"来计划。MRP 在 80 年代发展到了覆盖制造设备计划、人员计划及物流计划的 MRPII（Material Requirement Planning：物料需求计划），进而在 MRPII 中融入了会计（管理会计与财务会计）、人事管理功能，管理企业的全部资源，进化到了 ERP。

ERP 的主要特征

ERP 的具体特征可以归结为以下 6 点：

①全公司层面的基础业务支持。广泛覆盖了财务管理/会

计、物流、人事管理等业务。

②实时综合系统。理论上可以将所有相关信息，例如生产、销售、物流等信息进行实时更新。

③开放的客户端/服务器系统。ERP 的体系结构通常有客户端与服务器系统，包括应用服务（客户端）和信息提供（服务器）两种功能。

④支持多种生产形态。可以支持预测生产、接单生产、半预测生产、订制生产等各种各样的生产形态。

⑤多据点管理。一个系统可以支持多个生产工厂、多个库存据点。

⑥全球化对应（多语言、多货币）。通常可以使用 10 ~ 20 种语言，而且能对应多种货币。

✿ 从 MRP 到 ERP

	MRP	MRP-II	ERP
年代	20世纪70年代	20世纪80年代	20世纪90年代
管理对象	资材	资材+设备、人员、资产	企业内所有经营资源
范围	工厂内	企业内	企业内及企业间
功能	资材需求 计划	工厂内资源管理 +物流计划	供应链管理 +全球化

✿ ERP 覆盖的业务范围

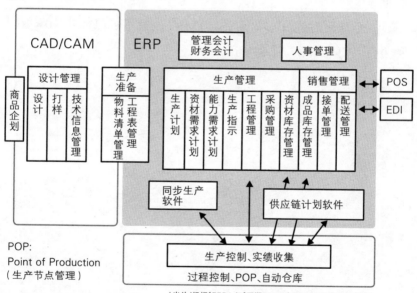

POP:
Point of Production
（生产节点管理）

（出处）根据《ERP入门》同期ERP研究所（工业调查会编）制作

4-7 以 3R 的思想管理环境信息

通过 3R 实现环境保护与成本削减

"3R" 的 R 是指 "Reduce" "Reuse" "Recycle"。Reduce 是指减少不能使用的垃圾，对制造业来说，就是要从设计阶段减少零部件的数量、实现环境保护与成本削减。Reuse 是指能用的东西不随便丢弃，进行再利用，二手汽车销售店就是一个很好的例子。工厂中的不合格品不是马上丢弃，通常会进行分解、再利用。

这就要求努力做到不出现不良品、不用品，设计时的重点不但要考虑容易制作，还要考虑容易分解。购买再生品也是对环境有贡献的，工厂中的运输用纸箱、操作说明书等，只要对产品功能、品质没有影响，就可以积极地采用再生品。铁屑、铝的边角料可以给回收者。

另外，Reduce 要求不排出污染物也是重要的，需要对排水格外注意。工厂水池内锦鲤、鸭群，不仅是为了给员工观赏，也是为了证明其环境足够安全，可以让动物安心居住。

环境信息在统一化管理的工厂中的应用

环境信息是由市、镇、村或者官方机构发布的，工厂中，通常在得到最新信息后，由环境基本信息管理数据库进行统一管理，在设计、生产、销售、售后等全工厂实现信息共享。

例如，设计过程中应达到的目标保管在环境评价数据库存中，可以作为设计指南使用。各个产品中与环境相关的信息记录在环境相关配置文件中，根据这个记录，将生产中需要的信息通过基准信息管理传递给工厂。

环保的策略在设计阶段基本都已经确定，企划阶段应该关注到环保，设计阶段进行详细的讨论，图纸在通过设计评审后，进行打样验证才可以进入量产。

❀ 环境对应管理系统示意图

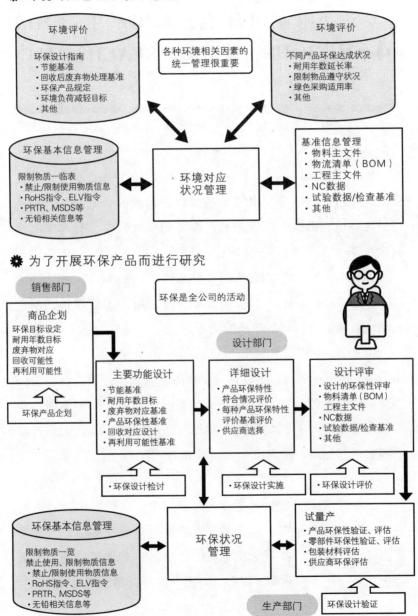

❀ 为了开展环保产品而进行研究

4-8 限制对环境、人体产生影响的 RoHS、WEEE、REACH、HAC-CP

　　RoHS（Restriction of Hazardous Substances）指令是在欧盟发布的针对销售的电子、电气产品中有害物质的含量，其目的是将破坏环境、影响人体健康的风险降到最低程度。日本家电回收法也是以这个指令为依据的。

　　RoHS 补充了欧盟同时采用的 WEEE（Waste Electrical and Electronic Equipment：电气、电子设备），规定了从设计、制造开始就有限制有害物质排出的义务。

　　REACH 法规（Registration Evaluation Authorization and Restriction of Chemicals）是以对化学物质的登录、评价、认可及限制为目的的欧盟法规，其对象是对环境、人体有高度危险的化学物质。在限制有害物质、将破坏环境的因素、危害人体健康的因素降低到最小限度这些方面与 RoHS 是一致的，只是限制的对象不同。

　　零部件供应商虽然不是直接向欧盟出口，但如果客户向欧盟出口产品，也会要求其提供有害物质含量的相关信息，如果提供错误的信息或者不能及时提供信息，并造成客户满意度下降、交易终止、销售额下降等，对整个供应链都会产生风险。

规范食品卫生的 HACCP

HACCP（Hazard Analysis and Critical Control Point）是针对食品安全相关的风险管理手段，当向欧美出口食品时，必须按这个规范进行制造工程的卫生管理。但是，日本从周边各国进口时，没有严格按这个规定进行要求。

与汽车相关的是 ELV（End-of Life Vehicles），是在 RoHS 指令的 6 年前、2000 年 10 月开始实行的。如果不按这些规定执行，别说是出口，就是日本国内销售也会有麻烦，会被认为一直到原材料为止的整个供应商体系不完善。

✿ RoHS指令的产品对象（品种）、类别

①大型家电（冰箱、洗衣机、微波炉等）
②小型家电（吸尘器、电熨斗、烤箱等）
③信息技术（IT）及电子通信装置（电脑、打印机、复印机等）
④消费电器（冰箱、洗衣机、微波炉等）
⑤照明装置（家用以外的荧光灯等）
⑥电气、电子工具（除大型固定加工设备以外的车床、铣床、钻床等）
⑦玩具、娱乐及体育用品（电子游戏机、赛车）
⑧医疗设备（放射治疗设备、心电图仪、透析机等）
⑨监视及控制装置（烟雾探测器、测定设备、恒温器）
⑩自动售货机（罐装饮料机售货机、钱票自动售卖机等）
⑪除上述外的其他电气、电子设备

✿ RoHS指令与REACH法规的区别

	RoHS指令	REACH法规
行业	电气、电子设备行业	所有行业
管理内容	危害应对（因为有危害，所以要制止）	风险管理（因为有危险，所以要中止）
对象物质	根据产品中是否含有10种物质（RoHS2），即是否含有判断	产品中约1500种的高危物质含量有多少，即根据含量判断

✿ 供应链上有害物质含量信息的管理概要

4-9 制订 BCP（事业可持续计划）将危险因素控制在最小限度

BCP 是经营高层的重要工作

BCP（Business Continuity Plan：事业可持续计划）是指为了规避各种危机而实施的战略与对策，即使发生大地震等自然灾害、传染性疾病的蔓延、恐怖事件、重大事故、供应链中断、突发性经营环境变化等不可预测的事态，重要的事业也不会中断，或者即使中断，也能在最短时间内恢复而制定的方针、体制、流程等相关规划（日本内阁府事业持续指导方针）。

BCP 的效果在初级阶段体现在业务影响上。没有 BCP 时，恢复时间只好顺其自然，失去了顾客的信赖，最终将使业务陷入危险境地。

在制定 BCP 时，有两个要点。第一，什么是绝对不可以中止的事项；第二，应该什么时候恢复。

要确定什么是绝对不能中止的事项可能很困难。其实，这么重要的事情不是一个人、一个部门、一个据点可以决定的，必须由具备纵观整个组织的经营高层，通过发挥其领导作用才能决定。决定后，也不是就可以了，规划制定后，还要定期修正、进行持续的改善。

制定改善活动体制的 BCM

BCP 制定后，按照 PDCA 开展改善活动。这种实施体制叫作 BCM（Business Continuity Management）。

内阁府的指导方针中，包括了根据以往灾害活动确保员工的安全、据点的尽早恢复、信息系统灾害时的恢复计划等，与国际规则 ISO22301 相比基本没有大的差别。

日本是一个火山、地震、海啸等自然灾害多发的国家，通过 BCP、BCM 对顾客、社会负起责任，是一流企业的象征。

✿ 事业可持续计划

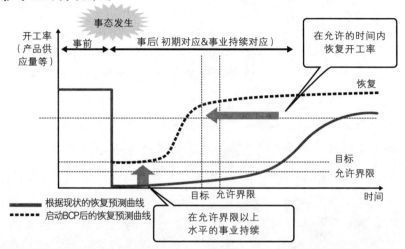

开工率
（产品供
应量等）

事态发生

事前　事后（初期对应&事业持续对应）

在允许的时间内
恢复开工率

恢复

目标
允许界限

目标　允许界限

时间

━━━ 根据现状的恢复预测曲线
┅┅┅ 启动BCP后的恢复预测曲线

在允许界限以上
水平的事业持续

✿ 事业可持续管理的流程全貌

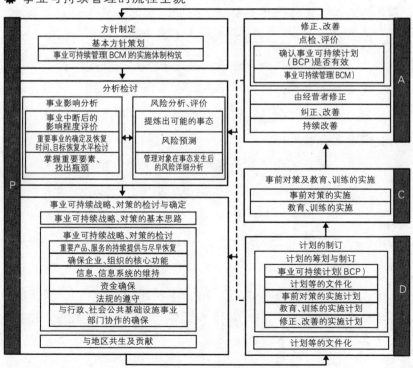

方针制定

基本方针策划

事业可持续管理(BCM)的实施体制构筑

分析检讨

事业影响分析

事业中断后的
影响程度评价

重要事业的确定及恢复
时间、目标恢复水平检讨

掌握重要要素、
找出瓶颈

风险分析、评价

提炼出可能的事态

风险预测

管理对象在事态发生后
的风险详细分析

事业可持续战略、对策的检讨与确定

事业可持续战略、对策的基本思路

事业可持续战略、对策的检讨

重要产品、服务的持续提供与尽早恢复

确保企业、组织的核心功能

信息、信息系统的维持

资金确保

法规的遵守

与行政、社会公共基础设施事业
部门协作的确保

与地区共生及贡献

修正、改善

点检、评价

确认事业可持续计划
（BCP）是否有效

事业可持续管理(BCM)

A

由经营者修正

纠正、改善

持续改善

事前对策及教育、训练的实施

事前对策的实施

教育、训练的实施

C

计划的制订

计划的筹划与制订

事业可持续计划(BCP)

计划等的文件化

事前对策的实施计划

教育、训练的实施计划

修正、改善的实施计划

D

计划等的文件化

P

从累赘到金库

去视察工厂仓库时，发现在狭窄的区域内摆放着各种零部件、原材料、半成品及成品，上级指示这些库存"请不多不少地、按合适的量进行管理"，说起来容易，做起来难，一不小心库存就增加了。

为什么库存会增加呢？对于生产现场的人来说，有再多的库存也没有什么不好的。真的没什么不好吗？工厂发生的各种各样的问题可以马上得到解决。例如，零部件供应商的交期延迟，没有及时送达，如果有多余的库存，可以防止因缺货而造成的生产中止。又比如，当品质问题发生时，即使没有按预定的量完成产品生产，因为有多余的成品库存，也不会耽搁向顾客交付。有紧急订单时，因为有多余的成品库存，可以立即交付，顾客也会很高兴。

于是，库存就成了解开各种问题的万能钥匙了。甚至，一不小心使得库存增加也会成为无所谓的事了。但是，从另一方面来讲，库存是个"大蛀虫"。例如，1亿日元的库存持续保存的话，一年间所发生的维持费用为1000万—1500万日元。这是很大的金额！

库存也叫在库，有时，用财产的"财"字，写作"财库"，有时用罪恶的"罪"字，写作"罪库"。虽然是错别字，但其意味着如果能保持合适的库存水平，就可以成为一家高效的企

业，可以发财；相反，如果保有多余的库存，企业的资金周转
会恶化，是一种罪恶。

那么，就应该有一个管理库存的库存管理系统吧？我的结
论是，库存管理系统应该能从大量的零部件、产品库存中寻找
到影响公司经营的"罪库"，并将其变为"财库"的系统。各
位读者中，原先是从事库存管理系统开发的话，请一定要去挑
战让"罪库可视化"、将"罪库变为财库"的系统构筑。

（川上正伸）

第 5 章

IoT 在工厂中的应用

5–1 工厂支持系统的发展历史和智能工厂

不断追加有用的功能进化过来的工厂支持系统

工厂业务支持系统是从 20 世纪 70 年代开始发展起来的。新登场的系统并不是置换了原有的功能，其特征是通过追加更好的功能发展来的。

重大的系统变化发生在 20 世纪 70 年代，出现了运用 BOM（物料清单）来实施资材调配计划的计算机软件 MRP（物料需求计划）。通过这个软件，可以将原先用手工作业完成的工厂生产活动由计算机来代替，拉开了高效化时代的序幕。

制造方面不仅是自动化设备，还发动了包括物流等在内的工厂整体自动化革新 FA（Factory Automation），并向 CIM（计算机集成制造）发展。于是，可以对工厂的开发、设计、生产管理、制造各业务实现统筹管理。

到了 20 世纪 80 年代后半期，在 CIM 的生产管理部分中加入了支持人事、财务部门模块，形成了集成系统 ERP（企业资源计划）。ERP 继承了 MRP 的功能及 CIM 的理念。

20 世纪 90 年代后半期，产生了连接各企业 ERP 的 SCM（供应链管理）。SCM 是资材采购的战略性体系，这个也是沿袭了之前的功能与理念。

与 IoT 一起发展的工厂支持系统

工厂的支持系统与 IT 协调发展，支持领域在不断扩大，功能也在不断增加。让我们来看一下随着 IT 发展而发展、具有代表性的系统吧。

Cloud Computing Service：云计算服务

这是一种从公司以外的服务器上获得软件、平台、基础设施的事物。可以在大幅削减固定费用的同时，实现产品、工程变更的迅速、灵活应对。

IoT（Internet of Things）：物联网

就像与互联网相连的家电产品、汽车、医疗设备一样，制造业的生产设备、作业员、制造物料的传感器也与互联网相连。可以通过对制造现场每时每刻的详情掌握，来进行工程管理与品质管理等。

AI（Artificial Intelligence）：人工智能

设备学习功能大幅提升，在制造领域也能进行计划排程、设备控制、工匠技术的数字化，将品质不良、设备故障的发生防范于未然等，在至今为止只能靠人的经验来判断的领域也得到了广泛使用。

❋ IT应用软件与基础设备的发展历史

数字革命是一场持续百年的革命

①工厂IT改革的历史是由各个时代IT
　关键词组成的
②IT改革的对象是以生产管理为中心的
　基础业务改革与生产工程自动化
③应用第5代IoT、AI的先进工厂就是智
　能工厂

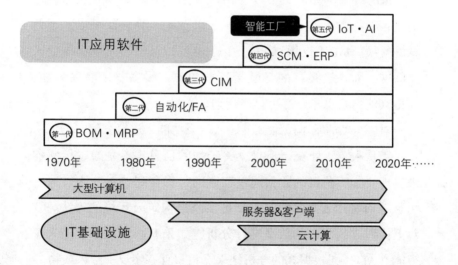

IoT 在工厂中的应用

制造业中应用 IoT 的体制

IoT（Internet of Things）被翻译成物联网，其所包含的意义就是各种物体接入互联网的状况，以及物与物之间可以实现信息的交换。IoT 不仅指将 PC、生产设备、家电产品等物体接入互联网，而且最终目的是赋予这些机器、设备、产品以智能，使得其能自行思考、产生自律活动。

对于 IoT 的基本思维，不妨从四个功能来进行分解。

①从人、物处获得信息，关于物的信息重点是通过传感器来实现。②所获得的数据通过互联网，保存到"云"上。关于"云"，有利用云服务的方法和自己公司构筑云环境的方法。③对上传到"云"上的数据进行分析，如果有必要可以应用人工智能（AI）。④根据③的分析结果，将最佳答案反馈给人或物。

IoT 给制造业带来的好处

IoT 能给制造业带来什么样的好处呢？这里按照五个领域进行整理说明（参考 178 页下表）。

（1）经营管理领域。IoT 可以实时掌握多个领域的状况，给经营决策带来帮助。

（2）开发设计领域。在多据点之间的数据交换的基础上，用 3D 打印机打印试样等也可以实现共享。这样就可以达到缩短设计周期的效果了。

（3）**生产管理领域**。可以掌握生产、供应链整体状况，采用最合适的管理，在提高接单后的应对能力、优化生产效率、减少费用的同时，灵活地应对市场需求变化。

（4）**制造管理领域**。掌握生产工程现状，通过远程计量，能产生减少停机时间、降低负荷、实现预防保全等优点。

（5）**自动控制领域**。在设备上安装了传感器后，可以感应到工程异常，PLC 的运行可以实现工程的自动控制。

❀ 物联网就是通过互联网让物与物处理连续的状态

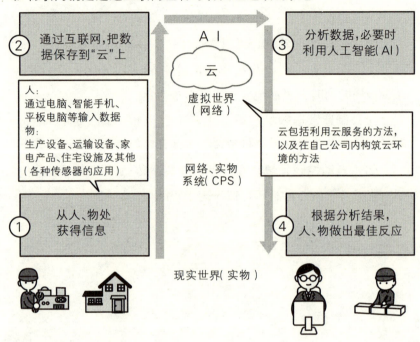

❀ IoT 在制造业的作用

制造业领域	IoT给制造业带来的好处	
经营管理	·实时状况的判断 ·经营决策的强化	·规划速度的提升 ·保全费用的削减
开发设计	·据点间同时开发、同时打样	·设计周期的缩短
生产管理	·需求变化的应对 ·供应链的整体掌握与最优管理	·接单、发单应对能力提升 ·生产效率的最优化 ·费用削减
制造管理	·生产工程现状的掌握 ·远程计量 ·停机时间的减少	·负荷的降低 ·预防保全
自动控制	·异常感应	·自动控制

5-3 制造业系统标准化的动向①工业 4.0

德国提出的第 4 次工业革命

工业 4.0 是 2011 年由德国推行的制造业革新。被称作制造业发展史上的第 4 次革命，在日本被称作第 4 次产业革命。

产业革命前的形态是以家庭手工作业、徒弟制度、专家、商业协商、行业协会等人力与技能来构成生产形态的。第 1 次产业革命是在 19 世纪产生的，通过水力、蒸汽机构实现了制造作业的机械化，生产能力获得了飞跃性的改善，英国的织布机是最大的受益者。

第 2 次产业革命是在 20 世纪初，利用电力提升生产效率，美国的汽车产业实现了大批量生产。

第 3 次产业革命是在 20 世纪后半叶开始，电脑应用的普及使得生产活动整个效率得到提升，提出了 CIM 构想的生产自动化，在 FA 领域制定了通信协议与 MAP 协议。

进入 21 世纪后，利用 IoT 收集大数据，通过学习后的 AI 来进行分析与控制，实现能自己思考、行动的智能工厂，被叫作第四次产业革命。

智能工厂的 ICT 应用

智能工厂不是导入新的系统的工厂，也不是制造类型的业务发生了变化。而是通过采用廉价、高性能的硬件和软件，逐步推广 ICT（信息通信技术）的应用。

在推进云计算服务的导入的同时，以改善对网络的过度依赖及延迟时间为目标的雾计算、设备级别的 P2P，用边缘计算实现了实时通信，诞生了各种各样的 ICT 应用方法。

要顺利应用这些功能，互联网上数据操作相关的约定（XLM、XHTML 等），以及从生产设备上收集信息的相关通信协议、内容相关的标准化等都需要进行引入。工业 4.0 正在积极推进标准化。

❀ 产业革命的历史

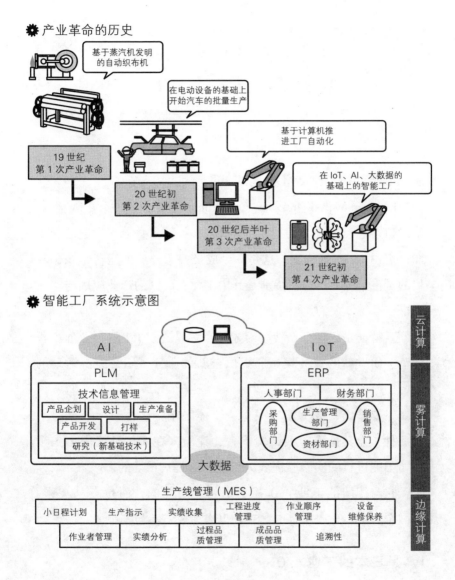

❀ 智能工厂系统示意图

5-4 制造业系统标准化的动向②美国的 IIC 和日本的 IVI

主要由五家美国公司发起的 IIC

IIC（Industrial Internet Consortium）是由五家美国企业（AT&T、思科系统、通用电气、IBM、英特尔）公司发起的、于 2014 年 3 月 27 日成立。这是一个成员关系开放的运营组织，其目的是推进 IoT 技术，特别是其中工业互联网的产业应用与实用标准。

其特征是以全部产业为对象，目标是通过 IoT 进行业务流程变革、研发新的业务模型、提供全新的服务、增强经济活动的活力。

主要输出为：①使用案例，②体系结构、框架，③试验平台三种，尤其是第 3 项试验平台，让原来在实体环境中由一个公司不能进行的实践验证成为可能，这是最重要的。

它与德国的工业 4.0 并不是相互对立的，而是互补关系，德国企业 Bosch、Siemens、SAP 也作为成员参与其中。

IVI 是日本的工业 4.0

IVI（Industrial Value Chain Initiative）可以说是日本版的工业 4.0，母体是机械学会生产系统部门的"互联工厂"，组织的正式活动开始于 2015 年 6 月。

继工业 4.0 的 RAMI4、IIC 的 IIRA，日本独立发布了 IVRA
平台标准。其特征是，它不是硬邦邦的通用化，而是一种供参
考的参考模型，可以在适当的范围内进行合理变更，可以说是
一种柔性的标准，融入了一些日本式的思维构想。

是否有智能化的设备出现

制造业应用 IoT 的领域中，生产设备上有传感器。将来完全
可能出现由设备自己进行信息收集、分析，并进行自主控制的
智能设备。每台智能设备收集到的信息经过分析后，将结果与
前后工程进行交流，有望实现生产整体 QCD 的提升。

问题在于设备控制中必要的 AI 等软件的开发，落后于电气
与机械。本来，电气、机械、软件应该是同等的，在综合体系
结构中应该是这样。

✿ 各国制造业标准化的内容

各国的特征比较	美国 IIC(工业互联网联盟)	日本 IVI(工业价值链促进会)	德国 工业4.0
目的	新的业务模型与服务的开发	工厂相连的实现	掌握第4次产业革命的主导权
组织运营体制	国际规模的成员企业的论坛	日本机会学会的分科会	德国国家项目
活动内容	实践实验、案例学习	平台结构的策划	研究推进、标准规格制定
成果应用	成员企业间共享	按竞争领域与协作领域实施开放与封闭战略	项目发表
标准化应对方针	以实用标准为目标	以柔性的标准为目标	首先是目标化
主要针对行业	全行业	生产现场全行业	德国设备制造商

✿ 内装软件开发步骤的改善流程

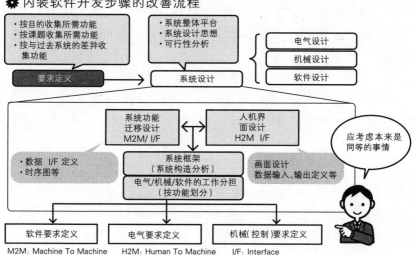

M2M: Machine To Machine   H2M: Human To Machine   I/F: Interface

5-5 通过 IoT 让工厂中的运转状态 "可视化"

无论规模、行业，都在推广可视化

随着近来 IT 相关技术的进步，都开始注重可视化了。

一般来说，工厂的生产活动都是由各种各样的设备、人员进行组合开展的，活动的量、质不是那么容易看到的。所谓工厂的可视化，是将肉眼看不到的工厂生产活动信息，利用 IT 技术、感应技术，适宜地表达出来。

以前，流程如果不通过数字控制，就没法制造出产品的化学工厂等，相关的流程表达为数字的构造已经实现了可视化。

但现在追求的是包括其他行业的工厂、材料的动向等生产活动整体的可视化。

可视化的课题

仅靠 IT 技术的发展，有些可视化的课题是无法解决的。其中之一就是现有设备的可视化问题。生产现场，有些设备已经用了几十年。要从这些老旧设备上收集信息可不是一件容易的事。为了这个，需要根据各台设备的特性，应用加装监视器、振动传感器等加载技术进行信息的数字化。

另外，根据工厂、设备的自身状况，数据的收集方法也需要调整，这个时候，一次性规模投资的做法，不如小规模导入，当效果被验证后再进行大规模的展开，这样的做法，结果更可靠。这种验证活动叫作 POC（Proof of Concept）。

在适用于各种各样生产流程的验证中，运用与系统规格的兼容性确认非常重要。例如，像作业进度，如果是一个由人来确认数据系统，有时因为发生一些状况导致延迟几十秒到几分钟，这种情况往往会被允许。像这种根据运用方式来进行系统设计，可以实现投资的最小化。

在推进可视化时，根据实际运用，检讨所用系统是否存在不合理是很重要的，因此对业务充分了解与验证是不可或缺的。

通过这样的检讨，由老旧设备、作业员进行的作业等生产活动整体都可以实现可视化，也就可以掌握生产现场了。

✿基于 IoT 的可视化

可视化前

老旧生产设备信息

> 稼动状况根本看不见,稼动时间也没法统计,什么时候、发生什么问题都不知道

可视化后

Pont!

拿到什么样的数据才可以达到目的,需要对各装置、业务非常了解

> 安装好传感器后,运转时间、稼动状况在电脑里就能看到,管理变得容易了

+
传感器
监视器
……
数字化

→

稼动时间: 50H
湿度: 45度
状况: 运转

Pont!

根据实际运用检讨系统构造,对业务的充分理解与验证是不可或缺的

向应用"可视化"信息的现场进行反馈

可视化信息的提供方法

将各种各样的生产活动可视化、数字化后,需要向制造现场提供信息。信息提供的方法有以下几种:

①当制造现场发生异常时,为了立即进行应对,向担当者的手机发送实时的设备警告信息的系统。

②为了让作业员的配置达到最合适,计划与实绩的比较信息用一眼就能看明白的显示系统。

③通过收集实时的装置状态信息,产品良否原来靠人来判断,现在靠自动检出系统。

然而,现场收集到的可视化信息仅用画面进行表达,作业员、生产设备的活动等,生产活动本身如果不进行改变,是不会产生改善效果的。要产生改善效果,需要运用可视化的信息将生产活动控制在最佳状态,即需要一个反馈机制。为此,在系统目的明确的基础上,不仅是显示信息的内容,使用信息的运用设计也要一起实施。

可视化信息巧妙应用的窍门

生产信息是确实的、运用也是明确的,但如果因为运用设计不好,有时也会发生可视化系统不能很好运用的案例。例如,信息输入部门没有准确地输入信息，信息的精度低，结果谁都没法使用这些信息。这种情况下，为了实现可视化，如果输入信息的部门与受益部门不是一个部门，输入的部门因为认为对自己没有好处，就容易发生这样的事。

输入信息的生产现场部门，因为没有直接受益，因此，哪怕多花一秒种都不情愿，这是人的本性。所以在应用 IT 相关技术、设计时要有窍门，让信息尽可能方便获取到。

当生产信息的收集集中在生产现场时，反馈容易停留在生产现场、制造工程计划内。为了获得更大的成果，要在制造与设计间共担制造中的课题；为了使采购零部件的要求期限最优，也要反馈到设计部门与采购部门，像这样扩大应用范围也是很重要的。

系统输入是一种手段，不是目的。在没有固定时，由高层来监督活动的适用性，同时督促其固化。

✿ 基于 IoT 的反馈

反馈前

设备的数据已经获得,没有终端的话,信息还是看不到

虽然显示有异常,但不知道该怎么办

虽然能看到数字,但不能分辨是否为异常

反馈后

生产设备的信息

发生异常后,马上有信息发到手机上

获得了判断所需的信息后,马上能决定是否要去现场

根据到达的信息,该采取何种行动,都制度化了

Point!

不仅是为了显示信息,还需要同时检讨信息的应用

5-7 应用 "可视化" 信息对生产活动的未来进行推测

"可视化" 信息的课题也是 "可视化"

工厂通过可视化获得的生产活动信息，用于监视、控制当前生产相关课题的解决。而且，还可以利用最新技术，提出现在还没有明确的课题，能够用于提高对未来预测的精度。

随着 IT 相关技术的发展，原来难以收集的各种各样描述装置状态的数据、作业环境的信息、产品的状态、品质、周期时间等信息，与产品、人、装置及材料连接后，就可以轻松收集了。

基于这样的技术背景，及代表着深度学习的 AI：Artificial Intelligence（人工智能）的发展，原来因为难以制度化或难以分析，不得不由人来担当的判断业务，现在可以实现自动了。下面是这项技术的应用案例：

①通过对打样工程信息的大量学习，可以和打样工程的设定人员一样进行工程的自动设定。

②针对不良率、稼动率等改善目标，收集了大量关系不明的数据，可以分析出为了达到目标，用什么数据来控制。

有了这样的体系，原来由熟练工来做的判断就可以自动化了，人类没有关注到的新规律也在被发现。

通过模拟获得预测信息

作为预测将来的手段，可以使用模拟方法。

一般，很多情况下模拟是先进行前提条件的设定来实施模拟的。由于生产现场经常出现超出预想的事情，因此常常无法得到想要的精度。

而且，即使最初精度很高，随着时间的推移，前提条件发生了变化，模拟算出的预测精度也会有降低的趋势。原来，作为模拟对象的生产现场的实况难以实时、广泛地进行确认。如前所述，因为收集实况数据变得容易了，用最新数据反馈到模拟前提条件后，预测就可以与实况相结合，精度也就可以得到提升了。

没有一种能适用于所有生产的万能 AI、模拟装置，这是事实，但在一定条件下，合适的 AI 技术等的应用案例在不断增加。

✿ 如何应用通过 IoT 获得的信息呢？

5-8 案例分析：为什么日立 OMOKA 事业所要导入 IoT

在茨城县日立市的日立制作所的 OMOKA 事业所，生产的是发电、交通、上下水道、钢铁等公司基础设施相关的成套设备的控制装置。这些控制装置所对应的基础设施的构成、功能都各不相同，所以要根据一个个成套设备，分别进行设计，是完全的接单生产。业务形式是事业所内接到订单后，按软件、硬件的设计、生产、采购、试验、出货进行。

OMOKA 事业所在过去 20 年中，各部门利用当时最新的 IT 技术，进行合理化系统构建，生产现场通过 IE（Industrial Engineering）手法开展生产改革。

这些改革取得了一定成果，然而各个部门按照局部最适化的改进过程中，构筑了 100 个以上的各种 IT 系统，功能的重复、扩张的困难等弊端开始显现。因此，虽然改善活动还在继续，但与整体生产性提升的矛盾也浮出了水面。

因此，为了改善事业所整体生产系统，开始了"下一代生产系统"的项目。在这个项目中，集中了对设计、制造、采购相关实务非常熟悉的实务者，共同推进生产系统的改革。在推进项目时，全体成员通过协商，尽可能利用现有系统可取得的信息，新的必要信息则通过应用 IoT 进行收集。

另外，不是单纯地停留在可视化上，而是通过对实际作业者、设备活动进行控制，建立了可以改善的体系，制定了将各部门的优势转化为整体最适为优先的方针。

特别是对实际生产活动进行管制，改善流程方面按"可视化"（Sence）⇒"分析"（Think）⇒"对策"（Act）的形式进行整理，形成了甚至包括业务设计在内的企划。

✿ 工厂中"可视化"⇒"分析"⇒"对策"循环系统

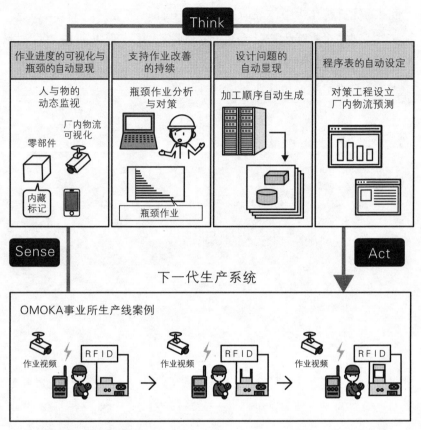

RFID: Radio Frequency IDentifier
　　　(利用埋入了ID信息的RF标记,通过无线通信进行信息控制)

OMOKA事业所概要

1969年设立
所在地: OMOKA町(日立市南部)
占地面积: 20万平方米
主要业务: 以民生工程为主的信息控制系统的制造
　　　　　各种发电控制、道路交通监控、列车运行管理、上下水产/水利监控
　　　　　一般产业用控制等
事业所内从业人员: 约4000人(工作人员及相关公司员工等)

5-9 通过高效化设计与制造的协调达到全体最优化

设计技能的储备与再利用

以日立制作所"下一代生产系统"为例，看一下设计的高效化，及生产现场可以进行高效生产的结构设计与作业指示。

原来的设计流程是设计者为了按顾客的各个订单进行个别设计，同样的机械零部件要设计多次，设计者个人技能不同，设计作业效率也有差异。这时，对可以通用的设计图纸进行整理，形成数据库，只追加过去的案例中无法实现的部分，构筑了让设计简单化的 IT 系统。对于个别设计的零部件中，再利用可能性高的部分，开始按新的数据库进行登录。通过这些改革，不但设计效率得到了提高，推进了设计的统一化，还给现场作业效率改善、品质提升带来了积极影响。

同时，将设计、制造部门中工厂所固有的技术建成了数据库，将 CAD 数据中违反规则的摘出来，构筑了不将设计不良流入现场的体制。利用这个体制，原来在生产阶段发现的设计者的失误，可以在设计阶段就被发现，防止重复作业、整体业务效率得到了提升。

开发可以自动生成组装顺序的系统

关于作业指示，原来，现场作业者根据一张完成图，自行考虑作业顺序，进行生产。

因此，会发生作业员误读图纸，为了能成为一个真正的作业员，往往需要多年的实务经验。在 OMOKA 事业所，针对前述原因，用 3 次元 CAD 进行设计，从这个 3 次元设计信息开发出了能自动生产组装顺序的系统。依靠这个，确立了在生产现场按立体图对每个零部件的作业顺序进行分解，并能够进行作业指示体系。通过这个体系，培养一个合格的作业者，所花费的时间大幅缩短了。

通过这些改革，还实现了现场作业效率的提升。

❀ 在设计现场，各种各样的设计技能转化为设计规则被储备起来

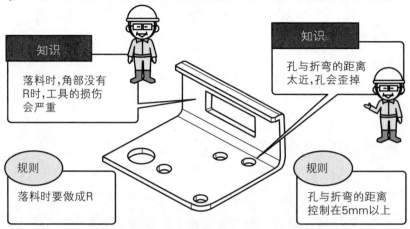

知识

落料时，角部没有R时，工具的损伤会严重

知识

孔与折弯的距离太近，孔会歪掉

规则

落料时要做成R

规则

孔与折弯的距离控制在5mm以上

· 对于资历浅的设计者来说，掌握所有的设计规则比较困难
· 设计规则检查需要花费时间

· 将设计规则(要件)制备成数据库,向设计者提示违反的地方与违反的原因,以求设计不良的减少与设计者的培养

❀ 完全接单生产的固有技能数据库化，摘出违反事项

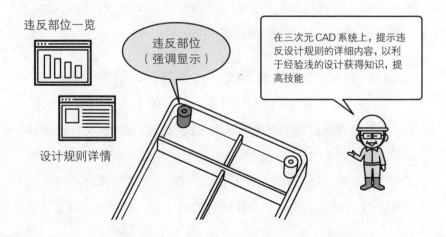

违反部位一览

违反部位
（强调显示）

在三次元CAD系统上，提示违反设计规则的详细内容，以利于经验浅的设计获得知识，提高技能

设计规则详情

5-10 通过工程调整与生产计划的自动化来缩短生产周期

管理监督者决策技能的定型化

一直以来，在 OMOKA 事业所，因为是个别设计的，有些设备难以实现自动化，手工作业工程占有相当的比例。在这次的生产改革项目开始前，为了让这个手工作业的周期缩短，不良率管理、交期管理变得容易，应用 RFID（Radio Frequency IDenitifier）标签，来推进可视化系统的完善。

但是，因为使用可视化数据的现场管理规则没有切实完善，现场管理监督者的决策多数只能任凭现状持续。

于是，这次的项目中，在全体工程的日程调整时的各工程的负荷调整、现场的课题选取与对策、每天的负荷调整等需要现场管理监督者决策的过程中，将判断技术定型化、编入系统，不管是谁都可以做出相同的判断。

工程计划担当者技能的系统化，生产计划的自动化

同时，这次的生产改革项目中，加入了生产计划的自动化。OMOKA 事业所正在生产的控制面板因为是接单生产的，在设计没有完成时，BOM 是不能确定的，因此 BOM 不能应用于一般的日程系统，工程计划担当者根据各自情况来调整计划，投入到现场。这样就无法实现整体作业量的最适化，整体效率低下。

　　这时，将工程计划担当者的技能系统化，即使没有 BOM 的情况下，也能自动生成全工程计划。而且，通过现场各工程的作业进度与剩余作业量的实时对比，构筑了可以适时、适当地进行作业分配与作业指示的系统。这个系统与运用规则一体化，现场的管理监督者需要判断的范围被最小化了。

　　上述系统、应用的完善，在生产改革项目全体中，具有代表性的产品的生产周期缩短到了 50%。

❀ 工程自动设定示例

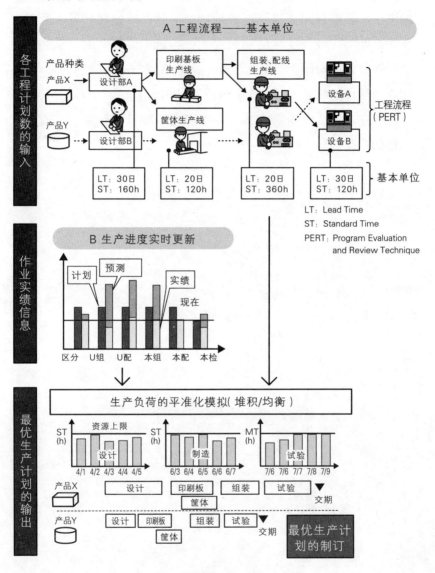

各工程计划数的输入

A 工程流程——基本单位

产品种类

产品X → 设计部A → 印刷基板生产线 → 组装、配线生产线 → 设备A ⎤
产品Y ⟶ 设计部B → 筐体生产线 ⟶ ⟶ 设备B ⎦ 工程流程（PERT）

LT：30日
ST：160h

LT：20日
ST：120h

LT：20日
ST：360h

LT：30日
ST：120h ⎤ 基本单位

LT：Lead Time
ST：Standard Time
PERT：Program Evaluation and Review Technique

作业实绩信息

B 生产进度实时更新

计划　预测　实绩　现在

区分　U组　U配　本组　本配　本检

最优生产计划的输出

生产负荷的平准化模拟(堆积/均衡)

ST(h)　资源上限　设计　4/1 4/2 4/3 4/4 4/5

ST(h)　制造　6/3 6/4 6/5 6/6 6/7

MT(h)　试验　7/6 7/6 7/7 7/8 7/9

产品X　设计　印刷板　组装　试验　▼ 交期
　　　　　　筐体

产品Y　设计　印刷板　组装　试验　▼ 交期
　　　　　　筐体

最优生产计划的制订

工程流程——基本单位：该工程每个单位必要的资源
M T：Machine Time

202

5-11 可以远程确认工程机械信息的 KOMTRAX

KOMTRAX 开发的用途、背景及功能概要

KOMTRAX 是由工程机械大型企业小松开发，可以对工程机械进行过程确认，并将其用于机械稼动管理的系统。这种系统就是在 5-2 中解说过的应用 IoT 的基本思路和 4 种功能的先进案例。下面来看一下 KOMTRAX 开发的用途及背景、功能概要。

(1) 工程机械所在地的可视化。 通过对每一台工程机械的最新位置、各现场间的移动路线的掌握，对于车辆巡回计划的制订及运输拖车的运输指示等提高派车效率是有帮助的。

(2) 保养履历的可视化。 目标是提高保养服务的效率、削减经费。在销售、服务部门的效率提升、补给品库存的适宜化及补给品销售额的增加、呆滞补给品的消除及库存空间的削减，从而削减费用等方面发挥作用。

(3) 稼动率状况的可视化。 目标是代理店、顾客的收益提升。利用稼动状况的可视化，可以实现运行保养费用削减、机械稼动率提升，作业员的作业流程可视化可以对作业员进行适宜的指导，提高其熟练程度，缩短驾驶时间，从而提高生产性与顾客的收益。

IoT 的 4 个功能是：①从人、物处获取信息；②这些数据通过互联网保存到数据库里；③对保存的数据进行分析；④向人、

物反馈最优解。KOMTRAX 可以说是一个实现这些的先进案例（参考 205 页上图）。

用 ICT 连接现场各种信息的 "智能构造"

在 KOMTRAX 之外，小松还在推进 "智能构造"。所谓智能构造是指将工地现场的各种信息用 ICT 进行连接，成为安全、高效的 "未来现场" 的解决方案。

✿ KOMTRAX 的构造

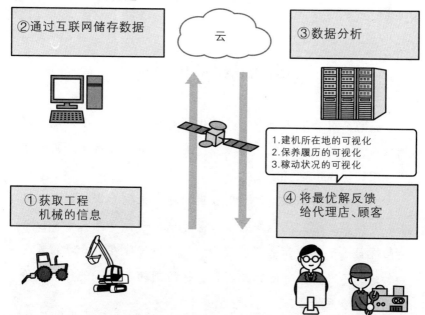

✿ KOMTRAX 成功的要点

No.	成功的要点
1	面向顾客的全公司团队协作
	经营者及全公司的"顾客至上"的顾客导向型决策、不受制约的想象及执行力
2	目标、终极目的的明确化
	终极目标是"持续存在,并让顾客感到不能没有"
3	ICT、IoT的高超技术力量
	• 高大的目标设定:"其他公司几年也追不上,提供绝对领先的先进商品" • 举全公司之力的技术强化体制

"数字化改革经营"的"KOMTRAX工厂形式"
野路国夫部分引用

专栏5

养蜂的 AI 应用实例

我的公司为了帮助少子高龄化演变中，因为人手不足而烦恼的人，参与了各种行业的课题。其中，与众不同的是用于蜜蜂管理的 "Bee Sensing"。

制作蜂蜜的养蜂业是利用专用的蜂箱来饲养蜜蜂的。如果不打开蜂箱盖子，就不知道里面是什么样子，养蜂人需要把所有的蜂箱盖子都打开来照看蜜蜂。然而，蜜蜂在打开蜂箱盖时会紧张，不可以长时间打开。在这样的制约条件下进行全数检查是一项艰巨的任务。

而且，很多时候是在远离人群的山谷中，仅是到现场去，也是很辛苦的事。而养蜂人往往拥有多个养蜂场。

为了解决这个课题，开发出了小型的感应装置。这就是 "Bee Sensing"。将这个装置设置在蜂箱中，就可以通过智能手机来观察箱内的情况。利用这项技术，原来的蜂箱是个黑箱，现在可以自动判断内部的情况了，而且还在推进并提供感知重要事件预兆的系统。这项技术是在国立研究开发法人 "农业、食品产业技术综合研究机构" 的协助下开展研究的。

这样，收集到的温度、湿度、重量、振动、声音的数据让人工智能进行学习，如果发现有生病的预兆，养蜂人可以第一时间到达，并进行处理。例如，当发现蜜蜂有逃出预兆时，就可以报警，养蜂人可以事先等候，抓捕逃跑的蜜蜂。为了改善养蜂人一直以来的管理方法，只有参考其他养蜂人的成功经验。但是，这种方法因为阳光、风向、场所等不同而不同，无法反映到如何管理各种各样的条件上。

应用 AI 可以获得无法想象的科学管理方法，而且不仅对该养蜂人，而且对整个行业都能带来好处。何时、何地、如何采到的蜜，提供了生产履历后，可以使消费者放心，产生品牌价值。与工厂相比，虽然应用的领域不同，但 AI 是如何发挥作用的，就容易想象了。

（伊东大辅）

第 6 章

AI、大数据、RPA 在工厂中的应用

6-1 AI（人工智能）与原有系统有什么区别

什么是 AI？

AI（人工智能）的基本思路是天才数学家阿兰·苏林于 1947 年最早提出的。AI（Artificial Intelligence）这个词据说是在 1956 年的达特茅斯会议上，约翰·麦卡锡最早使用的。模仿人脑从事脑力劳动、推论，通过对储存的数据学习，可以逐步提升到更高智能的系统就是 AI。

制造业中，目视检查等方面正在推进。制造业中伴随着人口老龄化，人手不足严重，现场的负责人说，正在为做不完的工作与精神压力大而烦恼，对提高生产性的 AI 的期待是一件大事（参考第 213 页上图）。

原来的系统与 AI 有什么区别

AI 在判断基准导入开始后形成，从这方面讲，与原来的系统不一样。

例如，以 6-5 中说明的不良分类来说，良品与不良的分类的判断基准，用原来的系统时，在导入开始时，就已经放进程序中了。而基于 AI 的系统是在开始导入判断基准时，系统操作人员就不再需要动手，可以自己进行更新。

原来的系统，在导入时，判断基准全部要做进去。而且，

211

当判断基准需要更新时，需要增加费用。

基于 AI 的系统，判断基准在系统启动后，只要追加学习就可以了，不仅是在初期导入运用时，可以省去原来的系统在判断基准需要修正时所花的费用，导入后，判断基准还可以进行改善。用目视检查的 AI 应用示例来说，导入后，检品基准发生改变、发现新的不良类型等，用户只要让 AI 进行再学习就可以了。

❖ AI 可以完成原来只有人才可以做的事

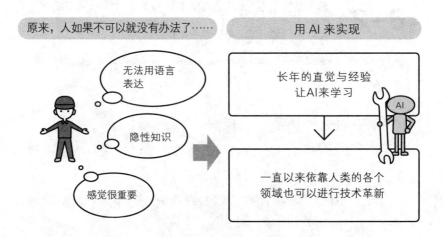

原来，人如果不可以就没有办法了……

无法用语言表达

隐性知识

感觉很重要

用 AI 来实现

长年的直觉与经验让AI来学习

一直以来依靠人类的各个领域也可以进行技术革新

❖ AI 可以学会" 匠之技 " 了

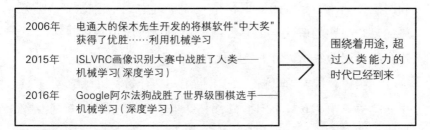

2006年	电通大的保木先生开发的将棋软件"中大奖"获得了优胜……利用机械学习
2015年	ISLVRC画像识别大赛中战胜了人类——机械学习（深度学习）
2016年	Google阿尔法狗战胜了世界级围棋选手——机械学习（深度学习）

围绕着用途，超过人类能力的时代已经到来

工匠以AI来代替

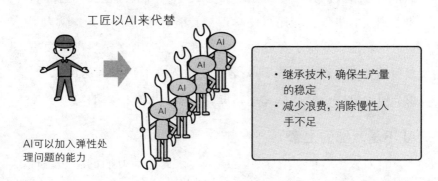

AI可以加入弹性处理问题的能力

· 继承技术，确保生产量的稳定
· 减少浪费，消除慢性人手不足

6-2 AI 热潮在过去经历了多次反复后与现代 AI 接轨

AI 热潮在过去经历了多次反复

AI 在过去经历了几次热潮后，能力水平已经提高（参考第216 页上图）。今天，终于迎来了突破。

第 1 次 AI 热潮已经用在了电脑游戏中，但是，有写不完的规则，而且不能处理模糊的问题。

第 2 次 AI 热潮在 20 世纪 80 年代达到了巅峰，日本当时为了第 5 代计算机国家项目（1982~1992 年）花费了 570 亿日元，将医生、翻译等专家的知识移植到计算机中，并且挑战了现实中的复杂问题的解决。但是，由于做不完的应用程序，迎来了预算不够用的冬季。留下了隐性知识无法系统化的课题。

这次针对过去的热潮，在 21 世纪初，开始了机械学习的 AI 手法（参考第 216 页下图）。所谓机械学习，是指从判断基准数据中自动形成的技法。特别是最近几年，一般人也都知道的将棋、围棋的事例，利用深度学习，其能力超越了人类，成为了重大的新闻，开始了深度学习的快速普及。第 2 次热潮中没有克服的直觉、经验也得到了学习，在解决未知事例的课题中，也在研究机构、AI 风险企业获得了成功，开始了实用化。

AI 不是万能的上帝

针对人工智能，有了一些误解，认为它有万能的魔法。现在，AI 超过人类，是在特定的领域中、针对相应的对象，而且是有条件的。现在主流的 AI 是数理模型的实际应用。作为"万能的上帝"，并不是能事先预知未来的信息。实际发生的事，AI 也不是能 100%回答正确的。

当顾客问："因为是 AI，应该是 100%的精度吧？"请注意，不要为了迎合而回答："100%正确。"

✿ AI 也有不同水平

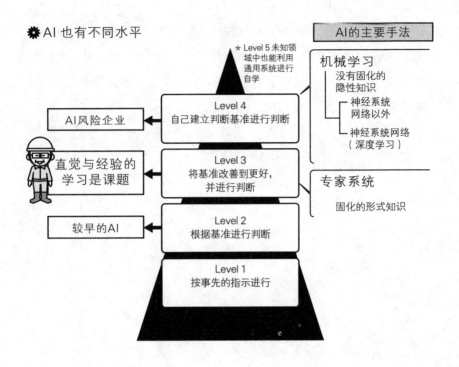

AI的主要手法

机械学习
　没有固化的
　隐性知识
　├ 神经系统
　│ 网络以外
　└ 神经系统网络
　　（深度学习）

专家系统
　固化的形式知识

＊Level 5 未知领域中也能利用通用系统进行自学

Level 4
自己建立判断基准进行判断

AI风险企业

Level 3
将基准改善到更好，并进行判断

直觉与经验的学习是课题

Level 2
根据基准进行判断

较早的AI

Level 1
按事先的指示进行

✿ 机械学习：深度学习带来的技术性进步

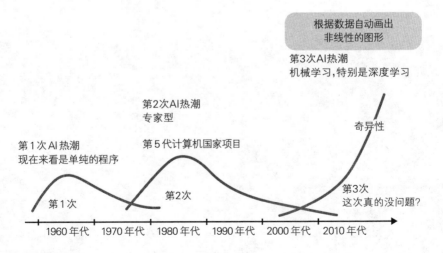

根据数据自动画出非线性的图形

第3次AI热潮
机械学习，特别是深度学习

第2次AI热潮
专家型

第5代计算机国家项目

奇异性

第1次AI热潮
现在来看是单纯的程序

第1次

第2次

第3次
这次真的没问题？

1960 年代　1970 年代　1980 年代　1990 年代　2000 年代　2010 年代

6-3 在导入 AI 时提案方与工厂方的重点

导入的提案如何推进

在哪个工厂的哪个现场应用 AI 可以提高生产性？在导入 AI 时，工厂方面与 AI 提供者之间，如果不能进行充分的相互理解，将会导致失败（参考第 219 页上图）。通过多次学习会将 AI 的基础原理、适用领域、各领域 AI 产品的成熟度与工厂共享。可以适用 AI 的相应现场的选择由对 AI 及现场都了解的关键人员来做为好。

AI 在特定用途上，现在可以发挥出明显超出人类的性能。工厂方面追求的是导入案例在不断增加的领域的应用，还是数年后才能开花结果的未涉足领域，要非常明确。

导入规模，最初时不要大量推进，选择在小的现场的一个部位，进行试探性的导入为好。经过半年后，多数相关者就有感觉了，才具备真正的言论资格。

还有，近年来的 AI 将学习过的模式套用到数据上，将适合度作为推测结果反馈，这在原理上讲，不利用学习的数据，精度就不是 100% 的。期待的膨胀导致脱离实际的假设（冒险性），使推进受阻，进而成为导入的绊脚石。

如何考虑系统的结构

IoT 在取得数据后，送到 AI，反馈判断结果需要等几秒种，根据这个延迟的允许程度，来决定系统如何构成。生产线上必须立即反馈，如果有延迟发生，就不能通过"云"，就需要设置 AI 服务器，采用边缘结构。

但是，第 5 代移动通信技术系统（5G）时代就要到来。会不会有安全性、延迟等问题，可以在 5G 的基础上进行检讨。云结构可以采用最先进的技术，将故障点单一化。采用云与边缘的混合结构或许是最佳选择（参考第 219 页下图）。

✿ 导入工作顺利推进的要点

从小的地方开始，埋下种子后，再扩大
·积累成功的经验后推广开来
·IoT×AI的特征是"不走回头路的改善积累"
·不要着急，从容易的地方下手，向熟悉的范围扩展

有四季的东西（"年轮"数据）要早一点着手
·数据收集以年为单位、需要时间的东西，要在AI
  导入项目的初期放进来

✿ 选择导入AI场所时的问题集

能预测什么最好? 学习成本、困难是否最大?
→经营效果的角度

有没有突然辞职会造成麻烦的人?
→技能继承的角度

通过数年才练成，难以用语言进行说明的技能
→工匠技能的角度

现在开始收集数据，是否以后能用?
→数据储存的角度

不管是所属部门还是谁，重要性、紧急性是突出的课题吗?
→组织动员、事前准备的角度

从现有的传感器上得到的数据处理，AI也能改善吗?
→AI应用于数据处理的角度

✿ 如何配置计算机资源

边缘结构

·用途: 面向高速生产线等
·优点: 调整处理
·缺点: 为预防不测，需要购买备用机

云结构

·用途: 高速生产线以外
·优点: 最新AI的提供、单一故障点
·缺点: 高速处理需要等到5G时代

6-4 大数据的有效应用与数据量增加所产生的课题

大数据的意义与课题

当要处理的数据量增加时，按照不考虑数据量，用常规的系统来处理的话，会出现中途停止（bug）、超出允许的处理时间。导致这样的现象、负荷大的数据称作"大数据"。大数据与处理量小的系统不同，需要进行研究处理。

正式普及 IoT 时，加上原来的大数据问题会产生新问题。以实时监视为目的时，当然，实时反馈是可以得到的。但是，当赋以日期、时间信息（时间标签）时，在 IoT 系统的什么位置上赋予，将影响日期时间的可靠性。IoT 系统的数据传输顺序与数据发生顺序可能发生错位，让 AI 学习时，需要考虑这一点。

IoT 大数据的处理不是靠人、要和 AI 的自动处理进行融合

数据科学家在特定的对象与时间内，可以对数据进行分析。但即使利用计算机，如果采用的是常规的结构，大数据仍然会使其爆机。IoT 化管理对象如果全部靠人来逐项检查，显然是不现实的。IoT 大数据的处理如果不靠 AI，全部由人来进行监视及判断，自动化循环就不能完成。

大数据由 AI 来判断、反馈

利用 IoT、平板电脑终端等构成了作业记录的输入系统，现场可视化达成后，课题就转向大数据的处理了。今后的数据量只会增加，很难减少。系统的构成应该是由 IoT 中加入 AI，以实现现场反馈的自动化，只有例外事项由人来处理（参考第 222 页上图）。AI 将能够应对检测到的异常，以及重要事项的重点应对。

✿ 获得的信息通过AI处理、判断，并反馈到现场

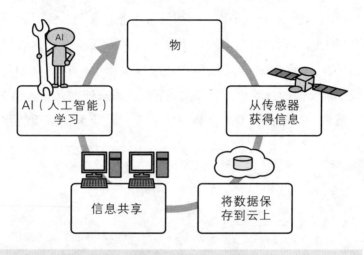

- 将人从庞大的工作中解脱出来
- 用AI（人工智能）的学习功能引导出最佳的使用方法

✿ AI、IoT业务应用效果

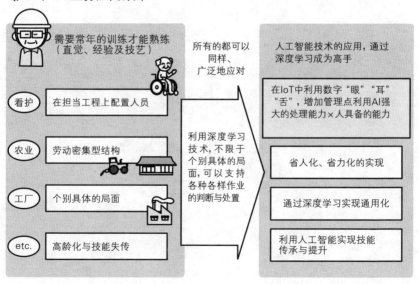

6-5 应用 AI 的目视检查的自动化

原来的手法的局限性、利用 AI 打破僵局

工厂在推进无人化，但人类所特有的直觉、经验在检查工程上难以系统化。原来的解决方案是导入自动化检查装置。但现有的检查装置是根据阈值（判断辉度、长度等是否超过一定值的边界）来进行控制，如果是人，可以在适当的地方画一条线，像这样的灰色地带用一个标准来处理，是有问题的。

原来的系统中，检查系统很复杂，设定、调整花费大量时间。而且，设定严格的话，成品率就下降；设定得松了，不良品就会流出。最终还需要人来进行复查，这又是一个问题（参考第 225 页上图）。

至今为止提升检查人员能力的训练方法是，不去盯着一点看，是采用"眺望"来提高效率的"周边目视检查法"等办法。而现在有了能将学习直觉、经验的深度学习技术应用到目视检查领域的 AI 风投企业，带动了飞速的革新。

依靠什么样的技术来解决？

应用 AI 的目视检查是将摄像装置所收集到的图像，原来由人来进行判断的伤、凹陷、脏、开关异常、组装异常等不良，现在由人工智能来进行学习，并替代肉眼进行一次性的识别的

系统。

    人类根据直觉、经验来判断良否的灰色地带，通过深度学习后，AI 可以比人类的判别精度更高。

    AI 目视检查与人类检查的情况不一样，不会因为时间段、星期、身体状况等产生识别精度的波动。对 AI 来说，图像只是数据的一种，也不管传感器是何种类。不仅是光学的，包括镭射、X 射线图像等各种图像数据，都可以对其特征进行学习。①不良的检出，②对检出的不良进行分类，并保存检查履历，可以与工厂进行信息共享。无法用数值表达、进行定性判断时，会给检查人员增加很大的压力，也可以改善为由 AI 来进行。

❀ 原来的自动检查系统的课题

自动检查设备 →

- 用描述的手段来设定检查条件（漏检、检查过严）

- 系统复杂

- 只有专家才能调整

→ 还要进行目视检查

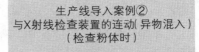

| 生产线导入案例①
外观检查(伤、脏等)
（检查香蕉时） | 生产线导入案例②
与X射线检查装置的连动(异物混入)
（检查粉体时） |

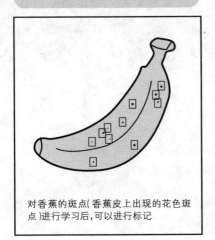

对香蕉的斑点(香蕉皮上出现的花色斑点)进行学习后,可以进行标记

在确认X射线图像的显示屏上进行异物识别,即使是初次混入的异物也能识别

6-6 | 应用 AI 进行设备各单元的自动设定

参数自动设定的优点

在量产开始时，工程师需要花费较长时间对设备进行调整、设定各单元（参数）。为了考虑每小时的产量与品质标准的平衡，要将装置的各单元设定为最佳值，只能依赖于专业人员的技术。最近，因为多品种小批量的生产应对，调整工作的负担在加重。

这些部分由 AI 来进行自动设定的是设备自动设定 AI。自动设定 AI 的导入，对设备生产商来说，很多工作也可以脱手了。

各部分的自动设定是利用了强化学习技法。强化学习是指在特定环境中，从可用的手中选择哪只手来做，可以获得更好的结果，AI 可以自主地探索最合适的选项。在试行结果的基础上，对微调整的部分应用深度学习技术，是现在的主流方法（参考第 228 页上图）。

导入自动 AI 时的流程与要点

在导入自动 AI 时，有几个必要的步骤（参考第 228 页下图）。

在调整各部分时，所要的结果是否出现，如果现在是由人来进行判断并进行调整作业时，判断好坏的判断基准要让 AI 学习。如果是目视检查，如 6-5 中所述，让目视检查 AI 进行学习。

如果试行错误，则需要多次自动反复。所以试行错误的工程需要实现自动化的话，如果没有实现数字化，要准备好模拟的环境。如果将目视检查 AI 与目前系统的相比，属于数年后才会开花结果的范畴。可以先用 AI 置换检查工程，但要有思想准备，这个系统的完成可能需要几年时间。

✿自动设定AI的构造

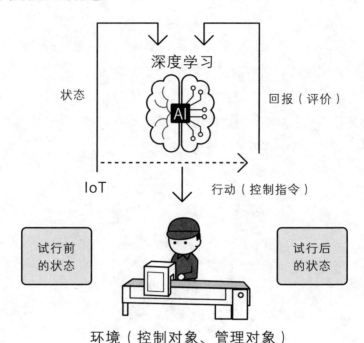

环境（控制对象、管理对象）

✿导入自动设定AI的流程

①审查功能AI的导入

·获取状态数据的自动化（IoT+控制装置数据系）和数据自动处理AI
·试行评价之反馈计算的自动化

②监督功能AI的导入

在状态与反馈的基础上，计算如何行动的做法叫作"自动调整"

③将希望的品质、处理速度等输入，可以自动设定为最佳参数

6-7 利用 AI，让机器人自主学习动作

联合作业机器人与动作的自主学习

没有安全栏、在狭小的空间内也能联合作业的机器人出现的同时，机器人的自主学习引人注目（参考第 231 页上图）。联合作业机器人在 ISO10218-1：2011 中的定义是："在规定的联合作业空间内，设计为能与人直接相互作用的机器人。"

产业机器人在量产工程使用至今，动作的路线是经过事先设定的，也起到了一定的作用。但是，用于最初依赖人手的行业时，联合作业机器人不是进行事先设定，而是要进行动作学习，尽可能接近人的灵活性。

动作学习应用在物质世界时，模拟的准备很麻烦。以示范动作为基础，通过模仿动作的 AI 与审查功能的 AI 相互作用来获取动作基准的模仿学习是主流。

然而，对于没有学习过危险动作的单纯模仿学习来说，看上去好像是理性的，实际上反而更危险。考虑到安全，对人有危险的动作要规避掉，应该设定好损失函数再进行学习。今后，像制作服装的缝纫工厂等，产业机器人还没有进入的领域也是可以期待的。

搬运机器人的应用与安全装置

工厂中移动零部件用的搬运车也开始导入自动驾驶了。建

筑物内因为不能使用 GPS，可以使用跟踪仪等，为了确认自身位置，利用了 SLAM 进行自动地图构建。用 AI 先进行下一个作业的预测，如果觉得可行，就拿过来与排序 AI 进行组合，可以提升效率。

联合作业机器人、自动搬运车的危险性要进行合理的评价。不仅要唤起作业员的注意，也要从根本上实施安全对策，安全防护、附加防护对策要彻底实施。

✿ 与人员在同一个空间内，并且与人员接近的联合作业机器人

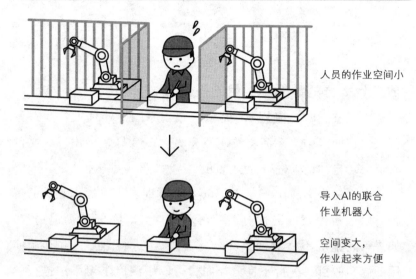

导入AI后，安全栏就不需要了

人员的作业空间小

导入AI的联合
作业机器人

空间变大，
作业起来方便

机器人动作设定的种类

①统一化地教，都是由人来设定的（原来）

②以教为基础，让AI来学习

③不需要教，AI自己学习（※）

※ 不是所有的都不用教，指的是系统设计者在AI上下了功夫的地方，不用教也能执行
　 动作

●联合作业机器人的ISO安全规则
劳动安全卫生法、劳动安全规定中指出的ISO10218-1、ISO10218-2、ISO/TS15066中的适宜
宣言（马达输出功率在80W以上时）
※不满80W时，将来也会要求适用，在ISO的宗旨下，充分考虑安全

（出处）《机能安全应用实践手册》（厚生劳动省、中央劳动灾害防止协会）

6-8 应用 AI 的不良原因分析

放入什么样的课题中，目的是什么

不良发生时，应用 AI 提示现象、原因、处理方法、对策等，也在期待中。下面将按①不良分类、②异常检出、③文件检索、④自动记录进行分别说明。

①不良分类。让 AI 来进行不良分类时，不良原因相关的工程可以很快停止，进行对策后再起动，可以降低不良损失率。如果有完整的不良数据，可以马上让 AI 进行学习，并开始使用。以图像目视进行不良分类时，可以用深度学习手法进行解决（参考 6-5）。

②异常检出。发生不良后，副作用在何时、何地产生，由 AI 在传感器送来的数据中找出。活字典一样的天才技师也没法用肉眼来查看由 IoT 收集的大数据。AI 这时将超出人的能力。AI 可以短时间内检测出异常（参考第 234 页中图）。

③文件检索。原来的系统在导入时，给现场增添了庞大的负担来浏览，花了费用，却只能得到与效果不匹配的信息，这就是一个问题。有了 AI 后，当发生不良时，可以立即从过去的文件数据中取出相关信息，或者从别的知识体系中得到提示（参考第 234 页上图）。

④自动记录。利用作业情景的拍摄，不良原因分析所需的

基础数据由 AI 自动生成、储存。现在经常加班加点的情况下，收集知识的作业时间更加有限了。不需要在日常作业时间外增加额外劳动力，就可以进行图像分析、用动画解析文章及数据收集的体系正在出现（参考第 234 页下图）。

✿ AI 在不良原因分析中的应用

利用文本解读技术调查不良原因

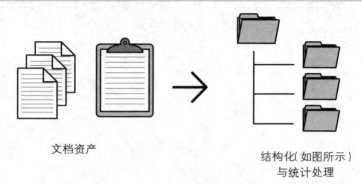

文档资产

结构化(如图所示)
与统计处理

利用异常检出功能

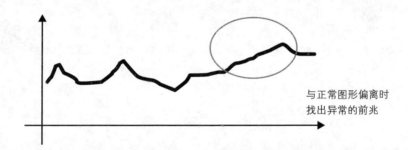

与正常图形偏离时
找出异常的前兆

利用作业报告自动生成功能

标记(反射式字幕)
自动生成

AI对一连串的动作进行辨认,
自动生成作业履历

6-9 | 应用 AI 的设备保全

　　设备的定期检查是为了防范故障于未然，然而，意想不到的故障是没法完全预防的。当设备发生意外故障时，生产计划就会落空，还要花钱进行修理。为了应对突发的故障，常常不得不在规定勤务时间以外安排加班，从劳动方式改革方面来讲也是一个问题（参考第 237 页上图）。

　　有时，不一定到发生故障的程度，但可能会因为某些原因，导致设备做做停停，这些也会造成很大的损失。

　　原来，为了提高设备的稼动率、提升生产性，希望能在故障没发生时就预知、希望在发生停止工作时分析原因并实施对策。IoT 本身不能感知设备故障，也不能进行预防。为此，利用 AI 对设备故障发生的前兆进行学习，在故障前能预知、警告的技术目前在开发中（参考第 237 页中图）。

通过各种各样的传感器传过来的信息捕捉问题发生的预兆

　　设备保全方面，收集到的从各种传感器传出来的随着时间变化的环境大数据，只是实现了可视化，其效果是有限的（参考 6-4）。这里，通过各种各样的方法进行要因分析，利用深度学习来捕捉预兆的技术也开始有了。

在 IoT 接点装置中，包括检测设备自身状态的传感器及进行预测的传感器两种。被管理的机械装置的状态如果因为发生焊死，则温度就会上升，通过温度传感器锁定发生的时间，这时，让 AI 对发生焊死的前兆进行学习，就可以基于前兆进行事前警告了（参考第 237 页下图）。

为了学习前兆用到的传感器，有以震动传感器为中心的，也有以声音传感器为中心的。振动传感器是针对旋转类设备的内部转轴震动的。有长有短，需要根据所处环境的特征来选定。

❁ 面向管理业务的AI/IoT的导入效果

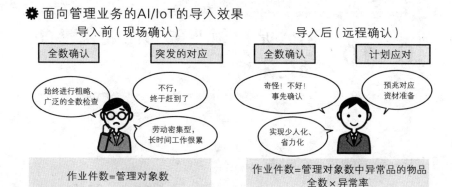

（出处）: ad-dice

❁ 让AI学习设备的问题

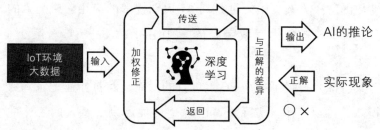

❁ 应用AI消除巡回检查与突发故障

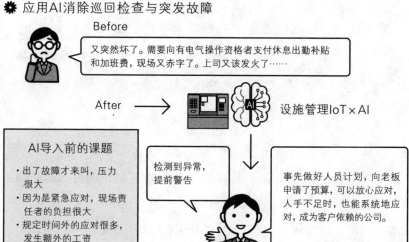

RPA 是白领业务的高效化、自动化体系

RPA 是人的工作的补充

RPA（Robotic Process Automation）是 AI、IoT、金融科技等第 4 次产业革命支持技术的一种，主要是针对白领业务高效化、自动化的解决方案。RPA 通过对 AI 识别技术的应用，成为人的工作的补充，被称作"数字雇员"（Digital Labor）（参考第 240 页上图）。

其特征是替代了人在 PC 上进行的操作，及将作业记录到数字媒体并再现工作，实际上可以说是一种可以代替人的工作的技术。与人相比，在作业速度、品质、成本方面具有压倒性的优势，这也是被称作"数字雇员"的原因。RPA、"数字雇员"这些词还没有准确的定义，可以将其理解为一种时髦的说法（似是而非、含糊的词汇）。

RPA 原本是 HR（人力资源）掌握的

软件、数据的操作等，将原本由人通过键盘、画面进行的操作以专用软件（RPA 工具）来进行记录、制作能将其操作再现的数字媒体（=数字雇员）。

其实，现在很多 RPA 工具是在 RPA 文字这个单词诞生之前就有了，实际上，系统测试的自动化、声音合成等就是在其他领域中对 RPA 的 "记录" "再现" 功能的应用。RPA 与其说是 IT，不如说是 HR（Human Resource）掌控的新经营技术。要成功应用 RPA，重点是多使用数字雇员，并通过与 AI 等的整合来提高应用水平（参考第 240 页下表）。

在日本，从 2007 年 RPA 这个单词的诞生开始，到 2016 年才有正式解决方案。现在，在劳动力的减少、IT 投资的限制、工作方法的改革背景下，RPA 的应用正在日本全国范围内爆发式地推广。2017 年，上市企业中 10% 以上导入了，包括正在评估检讨的在内，日本全国无论企业规模大小，都想朝这个方向发展。

✿ 什么是 RPA

信息系统的操作,利用RPA工具进行记录,通过数字雇员(自动进行事务作业的计算机)
进行再现。原来只能由人来做的工作,通过数字雇员,可以让机器来完成。
由于对业务流程、信息系统没有任何影响,在导入的简单化、快速有效性方面也越来越
值得期待。

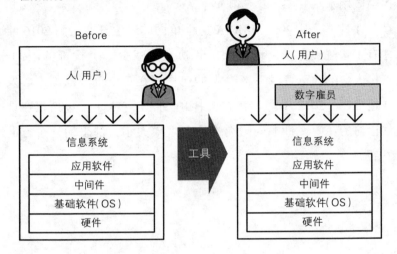

✿ 数字雇员的发展模型

RPA单体(STAGE1)已经进入普及期
今后将通过与周边技术的协同,加速下一代数字雇员的发展

	STAGE	核心技术	普及度	取得效果
STAGE1	Basic	RPA	一般性普及	提高PC一部分定型业务的效率
STAGE2	Cognitive	RPA+识别技术	先进企业中应用	定型业务从PC上解脱
STAGE3	Intelligence	RPA+弱AI	技术方面可行	提高决策精度与合理性
STAGE4	Evolution	RPA+强AI	长期展望	集中到只有人才能做的业务
STAGE5	Android	RPA+物理的身体		

6-11 RPA 的特征及有效使用的方法

为什么会掀起 RPA 热潮？

在推进 AI、IoT、金融科技、区块链等科技的普及中，"RPA" 这个单词在日本以惊人的速度渗透着。渗透的原因有以下四点：

①技术门槛低。因为有记录、肉眼可见的功能，不需要进行编程，即使不是工程师，也能轻松学会。

②不仅可以将经营效果最大化，还能快速生效，数字雇员与自然人雇员相比，在服务水平、品质、成本等方面有着压倒性优势。

③没有劳资关系问题。从雇主的角度看，可以 24 小时 365 天不停地工作，不会有抱怨，而且不用再担心离职、偷懒、裁员等劳务问题。

④生产劳动人口减少的对策。特别是当某些地方劳动生产人口快速下降的情况下，数字雇员是直接的、能立即生效的解决手段，越来越值得期待。

通过以上的叙述，作为经营技术的 RPA 的本质不是 RPA 工具的价值，可以理解为是一个随时可以使用的超级劳动者。

RPA 的经营技术是必然的趋势吗？

可能有的人会说，即使没有 RPA，只要开发 IT 就可以了。

我也是这样认为的，只要进行 IT 投资，就可以不需要 RPA 了。

关键问题是 IT 化能解决的课题、可以实现的期望，其范围是极其有限的（参考第 243 页下图）。即，IT 化不能解决的课题与愿望，到头来，还是得由人来做，至今为止这些还没有人能够解决。而在这个方面让数字雇员来"代理"后，才开始得到解决，因此，可以说 RPA 也是必然的事了。

✿RPA工具与数字雇员的关系

数字雇员是联结人与信息系统、替代人的作业
不需要更改现有的业务系统，具有压倒性的劳动生产性优势

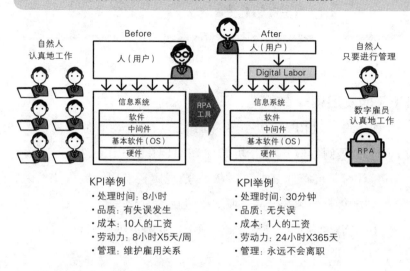

KPI举例
・处理时间：8小时
・品质：有失误发生
・成本：10人的工资
・劳动力：8小时X5天/周
・管理：维护雇用关系

KPI举例
・处理时间：30分钟
・品质：无失误
・成本：1人的工资
・劳动力：24小时X365天
・管理：永远不会离职

✿ 数字雇员在什么时候发挥效果？

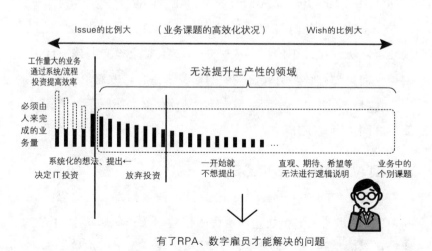

有了RPA、数字雇员才能解决的问题

6-12

RPA 的应用实例① STAGE1 ~ STAGE2

RPA 的发展模式

作为最新的 RPA 发展、成熟的模式，基于对普通与高水平用户成功案例的收集与分析的"DIGITAL LABOR STAGE"模式，被评价为极符合 RPA 的本质，是现实且有用的经营技术模式（2007 年日经优秀产品、服务奖最优秀奖获得者）。

下面将从实际应用最多的 STAGE1 和 STAGE2 中选取案例进行介绍。

DIGITAL LABOR STAGE1

以全公司全部门最多的日常作业为对象，现在成为发展最快数字雇员（系统中的机器人）的。应用对象极为明确，IT 化困难，而且没有必要由人员来做的任务都是合适的对象。

在制造业中也是一样，其特征是不管哪个部门，都有很多简单的间接事务工作。

DIGETAL LABOR STAGE2

主要是伴随着"Cognitive"（识别）技术的发展与普及，在STAGE1 的机器人上追加功能，可以代替高级作业。这个领域中比例最多的是账票、纸质文件处理的业务，现在都由机器人来代替了。随着技术的进步，不再仅限于固定型账票的 QCR 了，非定型账票、机会学习、检查、手写识别，甚至连原来以为只有人才能进行认知与判断的流程，也可以代替了。

点子是个宝

让数字雇员做些什么，这个问题的企划，要由对事业、业务熟练的人来进行，对所在行业及业务的"Issue"和"Wish"能充分把握的人才是 RPA 成功不可或缺、最重要的因素。现在，以现场业务担当者、参与目标并创造出成果的人才为中心，基于各类点子的数字雇员的创新正在加速。

✿ 应用 RPA 的考虑信息登录与确认业务

- 记录在纸上的勤务表反映到考虑系统
- 检测到计划外的加班与异常值

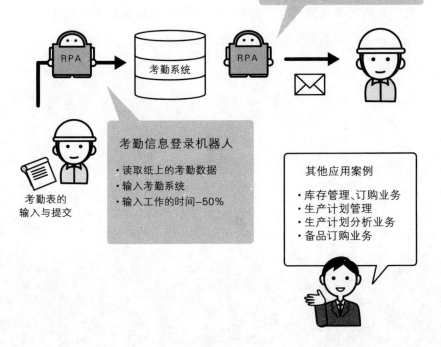

考勤机器人

- 机器人登录到考勤系统中
- 根据规则,定期对异常值进行确认,并提醒监督者

异常漏检、失误0%

考勤表的输入与提交

考勤信息登录机器人

- 读取纸上的考勤数据
- 输入考勤系统
- 输入工作的时间−50%

其他应用案例

- 库存管理、订购业务
- 生产计划管理
- 生产计划分析业务
- 备品订购业务

6-13 | RPA 的应用实例②STAGE3

工厂中 STAGE3 也登场了

最近，金融中心、制造业、工厂的现场在普及 RPA 的同时，已经与 AI 进行整合，向更高层次推进。特别是在工厂中，为了解决人才不足及熟练工的高龄化的课题，正在推进 AI 的应用，通过与 RPA 的整合，开始了更加务实的流程具体化与运用。

需求预测机器人与故障检测机器人

需求预测是生产、销售计划的钥匙，针对至今为止从各种各样的支柱系统中提取数据、加工、统计等前处理，需求预测的结果的关联等后处理中，应用程序开发与人的作业是有界限的。但是，可以轻松地利用数字雇员来替代，不但可以削减整个流程的成本，而且，因为预测 AI 所分析的数据量增加了，精度也就提高了，预测精度的提高，会对整体收益做出贡献。

另外，一般认为，现在作为 IoT 与 AI 最活跃的代表事例是在故障检测与预测的现场。数字雇员从 IoT 设备开始，可以轻松地用流程将相关的各种 IT 关联起来，替代了介于各种各样数据、IT 之间的人的作业内容，可以实现机器状况的监测、预测、分析、判断、执行等一系列流程的自动化。

AI 通过 RPA（数字雇员）得到灵活应用

RPA 的本质是数字雇员，可以替代人来执行需要高超技术的工作。以 Watson 为首的具备检索功能系列的 AI，预测、探测、建议系列的 AI 等，诞生的各种各样高端人工智能，都会涉及数据输入输出的作业的课题，其能力与结果、处理的分析对象的数据量有关。数字雇员因为能解决这些课题，可以使其能力得到最大化，因此，可以实现全流程的自动化。

❄ RPA×AI解决方案的体系（检讨中）

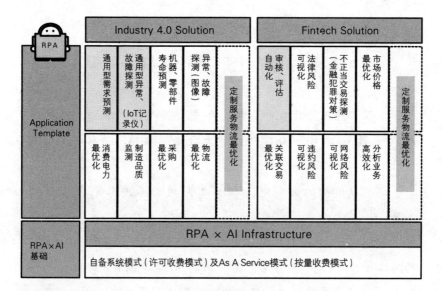

❄ 通过RPA探测生产设备零部件故障

目的	归口管理者对多个工厂的稼动状况与故障探测进行集中管理的体系 应用RPA和AI，对机器人的零部件故障原因预测（润滑油、齿轮等），并提醒管理者

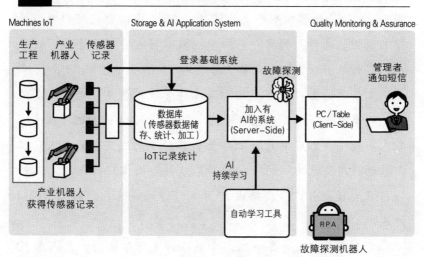

专栏6

未来的智能工厂是什么样子的

工厂智能化预计在今后数十年中，将深化"联合作业机器人""金属3D打印""IoT""AI""大数据""RPA"等领域的相关技术。

这里以虚构的大型电气机械工厂为例来想象未来工厂的发展。

2018年，这家工厂有1000名工作人员，未来的20××年，约为二十分之一，即50名。留下来的50名是拥有高超技能的作业人员（精密机械加工、目视检查关键人员等）。

然后，随着作业员高龄化的继续，进一步推进IoT、AI的应用，数年后，工厂成为没有员工的无人工厂。机械设备的维护因为AI、IoT故障预测精度的提升，在24小时前就可以进行故障的预测。这样，利用一个维护据点就可以应对多个工厂。各个工厂的维护人员就变成零了。

工厂中的生产管理、采购与库存管理、仓库管理、成本管理、人事管理等人员，也随着IT化、IoT、RPA的推进，减少到零人。最终，工厂中只有工厂长和其助手副工厂长两个人。工厂长的作用就像飞机的飞行员，是监视无人工厂仪表的"工厂飞行员（操控者）"。按每班12小时，实施两班制，就只需要4个人。

再进一步，因为每个工厂分别推进是有限度的，大概在20

年前，主要零部件工厂、半成品工厂、成品工厂的协作更加密切，设计构思了占地宽阔的集合工厂区。多家企业在同一个厂区内集合，形成了以成品工厂为顶层的工厂区。在工厂区内，有生产技术研究所、产品开发据点，工厂监视据点则进行工厂无人化驾驶监视、遥控监视。

　　关于未来智能工厂的主要KPI也来想象一下吧。S（安全）：人身事故、死亡事故从工厂开业以来为零；Q（品质）：零不良；C（成本）：产品成本为三分之一（与10年前相比）；D（交期）：交期达成率100%，库存周转率为10年前的3倍。

（松林光男）

第 7 章

为了在竞争中生存的全球 IT 战略

7-1 物料编号采集系统是日本制造业的课题

一物一号是日本制造业的大课题

随着制造业的全球化，一物一号（参考 2-5）的重要性越来越突出。但是，日本的制造业，现在还有不少公司没有做到一物一号，成为全球化的重大课题。其中的原因可以归结为以下五点。

一物一号不能做到的理由

①采用"有含义的编号"。有含义的物料编号，是由各种各样的属性构成的，属性分为不变属性与可变属性两种。不变属性是指零部件的形状、尺寸、材质等，编号是不变的。可变属性是指组装后的产品、供应商等，它们会因开发据点、生产据点不同而不同，影响了一物一号的执行。

②因取号据点不同，取号规则不同（几个据点都能取号）。取号据点不同，即使是完全一样的零部件，也会有不同的产品编号。制造业各企业有时虽然有取号规则，但也有不遵守的情况发生。物料编号所代表的物品虽然相同，但因属性不同，采用完全不同的物料编号。

③编号支持系统未构筑。新产品开发、设计变更时会产生新的物料，这时可以根据取号规则，由物料编号取号信息系统

支持完成，或者从现有型号中查找类似品、推荐品的检索系统完成。根据一物一号的原则，可以更加高效地进行取号。

④没有零部件标准化、通用化的推进体制。制造业各公司的物料少则数万种，多则百万种以上，现在的管理是基于当时情况而取的号进行的。其中，有些功能完全一致，却被赋予了不同物料编号的原材料、零部件。这些如果可以标准化、通用化，物料编号的数量将大幅下降。

后面将就对策进行叙述。

❀ 未能做到一物一号的理由

① 采用有含义的编号

ＡＡＡ ２３４ ＢＢＢ ５５５ ＫＫＫ

尺寸	材质	组装的	供应商
（不变属性）	（不变属性）	产品	（可变属性）
		（可变属性）	

可变属性是破坏"一物一号"的原因⋯⋯

②有时,取号规则因取号据点不同而不同

A据点的取号规则

ＡＡＡ ２３４ ＢＢＢ ５５５ ＫＫＫ

尺寸　材质　组装的产品　供应商

B据点的取号规则

２３４ ＡＡＡ ＢＢＢ ５５５ ＫＫＫ

材质　尺寸　组装的产品　供应商

尺寸与材质的位置变化了,就产生了不同的编号

③未构筑取号支持系统

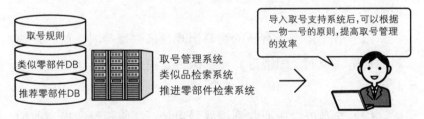

取号规则

类似零部件DB

推荐零部件DB

取号管理系统
类似品检索系统
推进零部件检索系统

导入取号支持系统后,可以根据一物一号的原则,提高取号管理的效率

④没有零部件标准化、通用化体制的推进体制

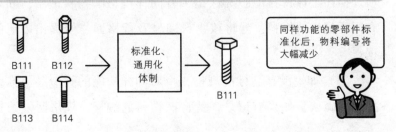

B111　B112

标准化、通用化体制

B111

B113　B114

同样功能的零部件标准化后,物料编号将大幅减少

学习美国的先进事例——全球物料编号采集系统

实现一物一号的对策

关于一物一号的对策，下面介绍美国企业的先进案例。这是一家在美国、欧洲、日本设有产品开发据点和生产据点的全球化企业。首先，在介绍该企业的全球化物料编号联通号系统之前，请先确认第 260 页的上表，看一下上一节中叙述的"一物一号"无法实现的 4 个理由，该企业是如何解决的。

某美国企业的先进案例

在参考 260 页下图中描述的取号中心的体制同时，进行说明。

（1）各个据点当有新的物料出现、需要取号时，就将该物料的规格（说明、图纸等）作为附件，向全球取号中心发出取号申请。

（2）全球取号中心收到该取号申请后，将根据所申请的物料规格在全球物料中心确认是否有同样规格的物料记录，如果有同样规格的物料，就将该物料编号及规格回复给提出申请的据点。

（3）如果没有同样的规格，将对同样功能的类似品、推荐品进行确认，如果有记录，就将该物料的编号、规格回复给提出申请的据点。

（4）如果经确认，类似品、推荐品也没有的话，就要对所申请的物料进行取号，该物料的编号、规格（说明、图纸等）不仅要回复给提出申请的据点，还要发送到全球各据点，通知全球物料主文件，有新的物料编号登录了。

如上所述，可以看出："采用没有含义的编号"和"设置全球取号中心"是成功的要因。

✿ 美国先进企业在"一物一号"方面的对策

日本制造业的课题	美国制造业的先进案例
①采用"有含义的编号"	采用"无含义的编号",排除与属性相关的问题
②有些时候因取号据点不同,取号的规则会不一样(多个据点分别进行取号)	设置一个全球性的取号中心。全球取号中心的取号系统适用于所有公司
③没有构筑取号支持系统	以全球取号中心的取号系统对全球的物料编号进行管理
④没有推进零部件标准化、通用化的体制	开展标准化、通用的大项目,实现物料编号数量下降50%

✿ 美国先进企业的全球取号中心的构造

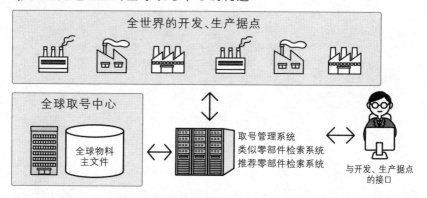

全球取号中心与各据点的关系

（1）将物料规格添加上,向全球取号中心提出申请(各据点)

（2）确认各据点申请的物料是否在全球物料主文件中有同样的规格。如果已经有了,就将该物料编号相关信息进行反馈(全球取号中心)

（3）没有同样的物料时,确认有没有同样功能的类似品或推荐品

（4）没有类似品或推荐品时,就需要取新的编号,不仅要反馈给申请的据点,还要向全球各据点发出通知

7-3 通过集中式 MRP 系统迅速应对市场需求

将 MRP 循环从月缩短到周

供应链的重要作用之一是将市场需求动向快速、正确地传递到供应链的上游。市场需求动向通过订购这样的信息媒体从成品工厂向零部件工厂、材料工厂、原料工厂传递。而向供应链上游传递订购信息的是 MRP 系统。

在第 263 页上图中，表示的按月循环的 MRP 的情况下，从成品工厂发出的成品需求量要经过多少时间才能到达原料工厂。按月循环时，如果到达时间为 3 个月，原料工厂在滞后成品需求量 3 个月的情况下开展生产活动，与市场需求动向会产生比较大的差异。要缩小这种差异，可以采用将月循环改为周循环的方法。月循环改为周循环时，原来 3 个月就缩短到了 3 周。但是，原料工厂依然要在比成品工厂相差 3 周的情况下开展生产活动。

集中式 MRP 系统是供应链改革的杀手锏

进一步缩短的方法是考虑"集中式 MRP"，将成品工厂、零部件工厂、材料工厂、原料工厂的各自运行的 MRP 集中为一个（参考第 263 页下图）。在一个地方运转 MRP，四个工厂的时间差就变为零了。

集中式 MRP 的输入是成品工厂的生产计划（成品需求量）。物料清单（BOM）与各工厂提供的进行连接，成为一个物料清单。物料编号也一样，四个工厂的物料文件合并为一个主文件。四个工厂看起来就像是一个工厂，MRP 系统一转动，成品工厂的生产计划也同时传递到另外三个工厂。

　　集中式 MRP 系统不仅可以迅速应对市场需求，还可以优化整个供应链，减少库存及缺料的发生，对企业供应链改革能起到很大的效果，但在导入时需要解决一些课题。

　　下面的 7-4 将介绍这类课题在美国全球化企业的案例。

✿ MRP从月循环缩短到周循环

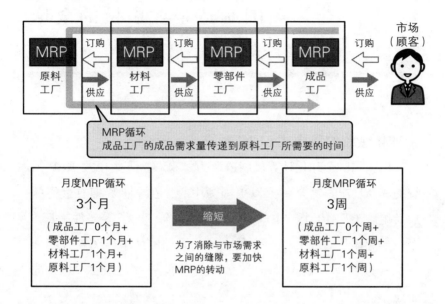

✿ 集中式MRP的结构

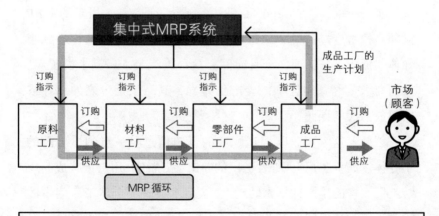

学习美国制造企业事例的全球 MRP 系统

全球化企业的集中式 MRP 系统

以美国的全球化计算机制造商为例来看一下集中式 MRP 系统的具体情况。这是一家以美国为中心，在全世界拥有最终的成品组装工厂 10 个、中间组装工厂 10 个、电子零部件工厂 5 个、半导体与面板工厂 5 个的全球化企业。从半导体到大型计算机全过程都是自己生产，而且是全世界率先导入 MRP 的企业。

当时，MRP 的导入是从最终的成品组装向半导体、面板一步一步进行的（参考 266 页图"系统导入前"）。当时的 MRP 循环是按月度进行的，从最终组装工厂的产品需求量传递到半导体、面板工厂需要 3 个月时间。从最终组装工厂到上游工厂，最新需求量（顾客订单）会产生差异，其结果是过剩的库存或缺料成为大的课题。

因此，这家企业以"让顾客的订单信息早一点到达上游的半导体、面板工厂""所有工厂的 MRP 系统统一用与最终成品组装工厂一样的生产计划来转动""从根本上解决全球工厂多发的过剩库存与缺料问题"为目标，成立了全球 MRP 系统项目（涵盖全球 30 个工厂的集中式 MRP 系统的导入）。思路与 7-3 所述的集中式 MRP 系统是一样的。

全球 MRP 中心与各工厂的操作如第 266 页图（全球 MRP 系统运用的体制）所示流程。

全球 MRP 系统在导入时的课题与注意点

日本企业在导入、运用全球 MRP 系统时的课题与注意点，首先是全球化基础的一物一号的执行；其次，全球 MRP 在运用阶段，要考虑到世界各国的有时差的时间表与各工厂的实际时间的关系；最后，用英语能沟通也是重要的。

✿ 美国制造业的全球 MRP 系统

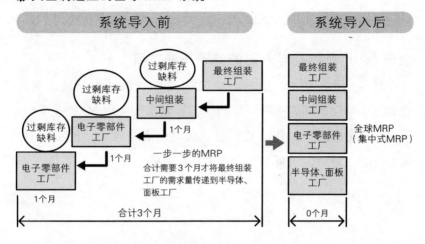

系统导入前

过剩库存缺料

过剩库存缺料

过剩库存缺料

最终组装工厂

中间组装工厂 ← 1个月

电子零部件工厂 ← 1个月

电子零部件工厂

1个月

一步一步的MRP
合计需要3个月才将最终组装工厂的需求量传递到半导体、面板工厂

合计3个月

系统导入后

最终组装工厂

中间组装工厂

电子零部件工厂

半导体、面板工厂

全球MRP（集中式MRP）

0个月

全球 MRP 系统运用体制

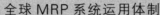

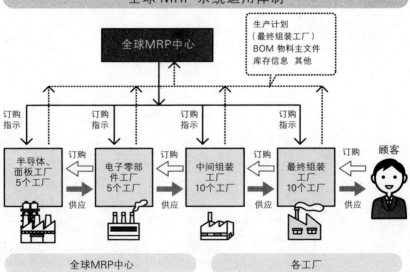

全球MRP中心

生产计划（最终组装工厂）
BOM 物料主文件
库存信息 其他

订购指示　订购指示　订购指示　订购指示

半导体、面板工厂 5个工厂　订购→ 电子零部件工厂 5个工厂　订购→ 中间组装工厂 10个工厂　订购→ 最终组装工厂 10个工厂　订购→ 顾客

供应　供应　供应　供应

全球MRP中心

① 制定全球MRP实施时间表，分发到各工厂 →

③ 实施全球MRP，将输出（订购指示）分发到各工厂 →

各工厂

② 将生产计划、BOM、物料主文件、库存信息输入全球MRP中心

④ 确认订购指示内容，必要时进行修正，然后正式发布

7-5 设计部门与工厂的协调对全球技术信息化很重要

设计部门与工厂的 3 种技术信息合作

设计部门在进行设计变更时，根据其内容，可能会造成生产工序的作业顺序、治工具、设备控制信息、试验方法等的变化。这时，母工厂的工程师在确认后，需要发出 3 种技术信息。

第一，"变更指示书"（PCN：Process Change Notice），是经过确认的设计变更通知，在确定的时间进行必要的应对。

第二，"实验指示书"（PEN：Process Experiment Notice），为变更的内容在实际生产线上验证的要求书。在量产工厂的生产能力及技术能力充裕的情况下，越实质性地试验，越能保证变更指示书的顺利应对。

第三，"工程变更要求书"（RPA：Request for Process change Action）是与上述两项相反，根据生产部门发出的要求进行设计变更的内容。发送给母工厂的工程师，经过验证，实施设计变更时，再以变更指示书的形式发送给制造部门。

通过工作流实现信息共享

在传递技术变更信息时，设计担当可以直接到当地去进行说明，但当有多个工厂时，路上需要花费很多时间，不是很现实。现在有了邮件、聊天软件、TV 电话等手段，出差减少了，为了将重要的技术信息安全、确切地传递，可以使用"工作流系统"。工作流系统是指根据业务流程实现申请、审批手续自动化的系统，其重要优势是在获得必要部门、工程师审核的同时，将信息进行共享。而且，与文件连动的设计图、影像、声音等多媒体信息只要点击一下图标就可以打开，可以实现不同语言之间的无误解信息共享。

生产设备采购的课题

生产设备在日本国内采购、配置到海外各据点时，品质的稳定性、维护的标准化是容易保证的，故障时的紧急应对、修理用备件的现地采购就困难了，还需要运输的时间与费用。这时，如果可以在生产据点附近采购到便宜且好用的设备，厂家可以来提供技术支持，备品的购入变得方便，使用时可以利用当地语言进行培训、操作说明书的解释。

但是，这个时候，日本过来的技术支持就困难了，不能统一协调了，如果让当地的生产据点自己进行管理，可能会危及品质、功能的保障体制。通过互联网，将设备信息上传到云端，进行故障分析、预防保全是可行的做法。

✿ 变更指示书：PCN（Process Change Notice）的发行顺序

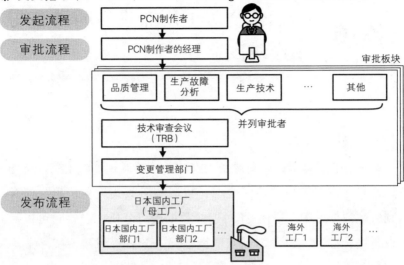

✿ 试验性工厂与量产工厂之间的衔接

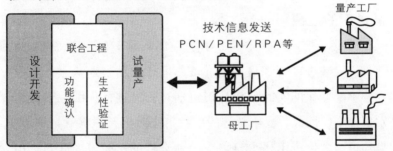

7-6 为运营全球工厂而进行的设备与生产进度监控

设备监视与控制

在 IoT 环境中，很多设备上安装了传感器，可以监视设备的运作状况。在进行预防保全时，可以实时收集设备信息，储存到云端数据库中。应用 AI 对这些数据进行分析，必要时可以对设备进行控制。但考虑到互联网故障、骇客等风险，实际上不需要利用云端，设备控制在据点内更安全。

产品进度的监视

在检讨海外工厂的 MES（参考 3-16）时，有时候，需要为总部工厂安装进度管理显示器。虽然可以利用当地从服务器收集到的不断变化的实时信息，但定期对信息进行仔细观察更容易发现异常，因此，发给总部的信息每小时更新一次就足够了。如果知道整个生产工序上有多少个什么样的产品，当有紧急出货要求时，可以马上确切地回复交期。

而且，不合格品仓库在异常增加时，可以按不良诊断编号进行信息收集，当地管理人员不能判断的问题，总部工厂可以给予支持。这时，试验结果数据、影像信息等容易传递的信息，需要配备容量充足的网络。

网络双重化

全球化发展中，网络环境的配备是必不可少的。通常，网络的容量是按高峰时进行配置的，不是频繁地传输大容量数据时，这样做是比较经济的。然而，海外的网络不像日本国内这样稳定，特别是郊外的工厂比市区还不稳定。这时，采用大容量的网络，不如采用双重网络。这时，全部线路都采用双重化，一方面利用光纤与微波通信等地面网络，另一方面设法利用卫星通信等。利用卫星通信时，会略微有所延迟，但安全性应该更好。

双重网络不是为了在某一方面出现问题时使用另外一方面，而是为了让网络有足够的余量，确保良好的通信环境。即使某一方网络出现了故障、速度稍微慢一点也能接受。当有技术信息等大容量要求时，可以利用另一条线路，并将网络设置更改为某方的技术信息优先使用，以避免与其他业务的冲突。

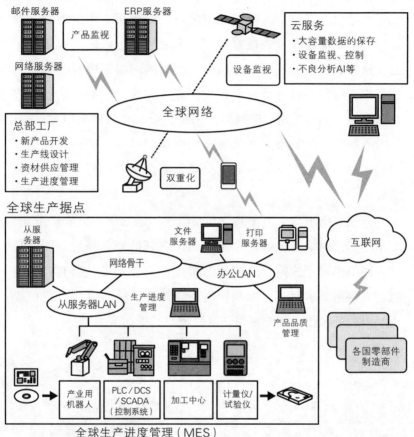

❂ 全球MES系统示意图

邮件服务器　　　　ERP服务器

产品监视

网络服务器

云服务
・大容量数据的保存
・设备监视、控制
・不良分析AI等

设备监视

全球网络

总部工厂
・新产品开发
・生产线设计
・资材供应管理
・生产进度管理

双重化

全球生产据点

从服务器

文件服务器　　打印服务器

互联网

网络骨干

办公LAN

从服务器LAN

生产进度管理

产品品质管理

各国零部件制造商

产业用机器人

PLC / DCS / SCADA（控制系统）

加工中心

计量仪/试验仪

全球生产进度管理（MES）

7-7 为改善无效生产、库存的全球库存可视化

全球销售与日本国内销售的产品流

随着生产、销售的全球化，迎来了库存管理的全球化时代。日本国内工厂生产的产品经过工厂仓库、物流中心、销售公司仓库、配送中心到达顾客手中。而全球化销售的产品流是按工厂仓库、出口中心、海外物流中心、海外销售公司仓库、配送中心的顺序流动，最终到达顾客手中（参考第 275 页图）。

日本总部烦恼

日本总部的经营者、库存责任人有以下的烦恼。

• 世界各地库存的失衡。例如，在美国库存不足，在欧洲却有多余的库存。

• 为了应对顾客的紧急订单，增加了空运、安排专用运输车辆等物流费用。

• 库存质量与库存周转率下降，资金流恶化。

造成这些的原因是日本总部没有掌握海外法人的库存，使得全球库存处于无法管理的状态。

全球库存的可视化

前述烦恼可以通过全球库存"可视化"来解决。所谓"可视化"是指日本国内、海外的据点、船上、货车上、空运途中

的库存能够被日本总部、日本国内与海外的各销售公司准确地掌握。这样一来，多余库存就可以在各据点间流动，缩小库存的失衡，消除无效生产，结果就是库存浪费得到飞跃式的改善。

全球库存的可视化可以通过将各据点、区域中运行的仓库管理系统（WMS：Warehouse Management System）、运输管理系统（TMS：Transportation System）与互联网、全球定位系统（GPS）结合来实现。

❀ 全球库存的可视化

7-8 | 统一集团公司财务管理的全球会计、财务、成本管理

全球会计、财务管理的作用

全球会计是指将多国籍、多事业的会计信息进行整合。应用基于国际会计基准的联合会计专业信息，只针对联合决算的出口按统一的基准进行发布。以母公司的综合系统为中心，一步一步地推进标准化。

资金管理方面，持续推进规避汇率风险，与现金管理统一的实施架构与体制建设。税务方面，越来越需要通过特惠关税的适用申请等，以正确计算各国销售价格的联合成本计算。

集团成本管理课题

在集团内开展生产协作，产品生产在多家工厂、工序进行分工，材料采购、零部件生产、中间品生产、最终产品生产的制造流程也分散了。同时，运输费用、关税、计入内部利益，出货国还要被征收法人所得税，无法简单地一口气算出产品的成本。全球联合成本计算的实务课题有以下多项：

①将各企业当地的物料编号转换成集团统一的编号

②产品对应的关税加上编号

③整理基于关税协定的原产地证明资料

④在接单企业的生产指示、送货单上添加订单编号

⑤接单企业的本地费用科目转化为集团统一的费用科目

⑥列出接单企业的外协费用的材料费、加工费明细

⑦接单企业对下单企业的各物料的物流费用、内部利润、法人税进行核算

⑧确定适用于当事者所在国的过户价格税制的销售价格

要解决这么多的课题，就要对系统进行整合，需要大量的费用与时间。近年来，据点间的信息交流通过现场使用简便的 RPA 来进行，这样的信息交流备受关注。

❀ 全球联合成本管理的计算示例

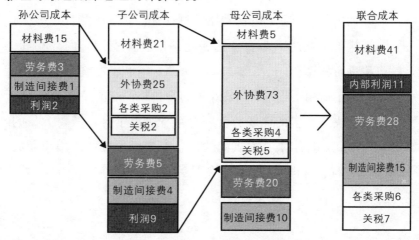

（出处）根据《现金流生产管理》青柳六郎太/上冈惠子（同友馆）制作

❀ 过户价格的计算示例（贡献度利润分割法）

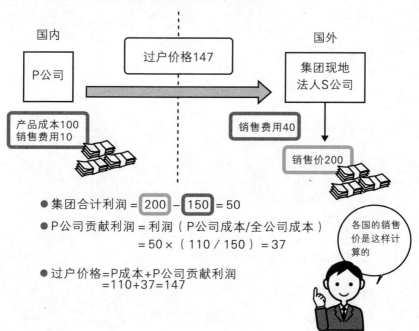

278

执笔者简介

松林光男

Waku 咨询公司董事长，总监咨询师。工程师（经营工学）。早稻田大学理工学部毕业。在日本 IBM 从事过生产管理系统、技术管理系统的构建，生产管理业务、CIM 的企划与销售支持、顾问工作。历任 SAP 日本生产管理咨询指导、工业化解决方案指导。参加日本商业创意策划，从事过 ERP、SCM 咨询，担任常务取缔役。2003 年 1 月成立 Waku 咨询公司，主要从事 ERP/SCM 业务咨询。原东邦学园大学经营学部教授。

著作有《CIM 战略 IBM 藤泽工厂的挑战》、《CIM 构筑指南》、《下一代生产管理系统的构筑与运用》、《ERP 入门》、《ERP/供应链成功的法则》、《ERP 导入管理》、《SCP 入门》等。

专业领域：SCM、业务改革、信息系统构筑、ERP/SCP、工厂管理、生产管理。

E-mail：matsubayashi@ waku-con.com

川上正伸

Waku 咨询公司总监顾问。鹿儿岛大学工学部电气工学科毕业。在日本 IBM 藤泽工厂中历任生产管理、生产技术职务（生产计划、零部件计划、库存管理、供应管理、生产系统开发等）。在日本 IBM 咨询事业部时，作为 IBM 认证高级顾问，为制造业客户的业务改善提供支持。在 IBM 咨询服务中，担当企业内部流程建立、事业战略策划、销售运作、年轻人才的培养、人事全盘等。2006 年加盟 Waku 咨询公司，历任常务执行董事、副社长执行董事，从 2017 年起担任现职。

专业领域：业务流程革新（SCM 构筑、供应链周期缩短、生产/流程库存削减）、生产力强化（生产管理业务改革、生产管理系统再造、现场改善活动、生产周期缩短、库存削减、交期达成率提升）。

E-mail：kawakamim@waku-con.com

参与执笔本书：第 1、2、3、4、5、6、7 章

新堀克美

Waku 咨询公司总监咨询师，i-SA&C 代表取缔役。东京都立大学理学部数学科毕业后，进入日本 IBM，担任过工厂信息系统部门应用业务开发维护、网络与服务器应用管理及信息系统企划。并将获得的经验应用于对销售外勤队伍的销售支持，并且开展 SI 的 PM。其后作为 HDD 制造部门的 CIO 统管 AP-North。2002 年在东京电机大学理工学部担任信息系统设计及数据通信网络的教学工作。

咨询领域：应用软件领域［生产管理：ERP、SCP 导入策划、导入支持；工程管理：工程进度管理；各种生产设备的接口及数据收集技术信息管理：PLM 领域；设计物料清单管理（PDM）、工程变更管理、CATIA 系统导入］。应用管理领域（ITIL：SLA、安保相关、问题管理、变更管理）。咨询领域（全

球运作支持、编号体系标准化支持：物料主文件、物料清单、规格书编号等运作支持）。

E-mail：niihori@ waku-con.com

参与执笔本书：第 1、2、3、4、5、7 章

竹内芳久

Waku 咨询公司总监咨询师。早稻田大学理工学部工业经营学科毕业。先后在日产汽车的生产管理、生产技术、制造部门（IE、生产/工程管理系统开发、日产生产方式推进等）工作。美国 Honeywell 日本工厂长、作为 Honeywell Operating System 构筑与推进组长推进全球业务改革。在日本工业解决方案中，为投资企业的价值提升提供支持。2018 年成为 Waku 咨询公司的合作伙伴。原骏河大学及东京信息大学非全职讲师（生产管理论）。

著书有《日产 IWAKI 工厂的挑战》、《生产销售整合型信息系统》等。

专业领域：制造管理改善（方针管理、PDCA、组织改革、生产系统等）、现场改善（生产性提升、库存削减、成本降低、物流改善等）、业务流程革新（SCM 系统构筑、工程管理系统、采购系统等）。

E-mail：takeuchi-yoshihisa@ waku-con.com

参与执笔本书：第 1、3、4、5、7 章

青柳六郎太

Waku 咨询公司经理咨询师。早稻田大学第一政治经济学部毕业。在 NEC 日本电气信息处理业务部及咨询事业部从事流通服务业、制造业的经营管理、成本管理咨询，作为 NEC 认证高级业务咨询师为顾客业务改革提供支持。2004 年兼任专修大学大学院客座教授、ERP 研究推进论坛业务研修专任讲师，参与税理士、中小企业诊断士活动、国际会计国际财团副理事长、ICT 经营伙伴协会监事。

专业领域： 集团经营管理、管理会计、成本管理、SCM 构筑、顾客管理等。

著书有《现金流生产管理》、《全能连现金流经营论文》（获平成 28 年度经产大臣奖）。

E-mail：r-aoyagi@ kmd. biglobe. ne. jp

参与执笔本书：第 1、4、7 章

门间隆之

日立制作所服务＆平台业务控制平台统括部本部信息控制第三本部 IoT 系统设计部担当部长。工程师（经营工学）。1993 年入职日立制作所。经营工学部毕业后，作为综合职位被安排到制造部。之后的 23 年中一直在制造部，从担当者到课长级职务，一直从事现场作业管理、控制盘生产设备及系统的开发、导入等相关工作。主要业务内容是：OMIKA 事业所制造现场 IoT 相关系统的归口管理，中国生产据点的生产管理归口管理，控制装置生产设备开发、评审、导入的归口管理，控制装置品质改善，生产能力管理，业务改革咨询等。

业务领域：经营工学、业务改革、生产管理、品质管理、IoT。

参与执笔本书：第 5 章

大塚刚士

日立制作所服务 & 平台业务单元控制平台统括本部经营战略本部事业开拓中心主任。入职日立制作所后，担当产品销售的拓展、报价支持。之后，归属到新事业部的支持部门、参与 OMIKA 事业所生产改革系统项目，从事商业化、销售拓展工作。

专业领域：商品企划。

参与执笔本书：第 5 章

伊东大辅

东京大学法学部毕业。信息通信专业。在石黑教授的熏陶下，立志要解决社会问题。第二家创立的企业 "ad-dice" 纳入了解决少子高龄化问题的服务开发与普及。应用 AI，在依靠灵感和经验的各种行业内掀起革新，应用各种时间序列数据，在专家的见解的基础上，开发了 AI 化的专利技术。本着现场不用的东西不推行的思想，针对应用了目视检查的 HORUS AI、振动传感器、用于预防保全的 See Gauge，推出了所罗门系统软件。在工厂、医疗、农业的各种导入案例受到注目，现在在全国各地进行演讲。

E-mail：daisuke@ ad-dice.com

参与执笔本书：第 6 章

大角畅之

RPA 科技董事长。日本 RPA 协会代表理事。早稻田大学毕业后，进入了安达信咨询公司（现在的埃哲森）。2000 年成立了 OPEN SSOCIATES 并担任董事长，启动了商业机器人事业，开始提供"BizRobo"。2013 年设立了 Bizrobo Japan（现在的 RPA 科技），就任董事长。2016 年 7 月，成立日本 RPA 协会，就任代表理事。

著书有《RPA 革命的冲击》。

主要节目《最高领导》（第 1 回）（BS-TBS、2016 年 3 月放映），《精打细算的星期一》（TBS、2017 年 3 月放映）等。

参与执笔本书：第 6 章

主要参考文献

辞典、著作

《生产管理用语辞典》日本经营工学会编（日本规格协会）2002

《商业 经营学辞典》二神恭一编著（中央经济社）1997

《新版 物流用语辞典》日通综合研究所编（日经文库）1992

《物流管理手册》汤浅和夫编著（PHP 研究所）2003

生产相关

《工厂管理机制》松林光男、渡部弘著（日本实业出版社）2004

《日本式生产管理》田中一成（日本实业出版社）2002

《生产管理入门<1>生产系统篇》藤本隆宏（日本经济新闻社）2001

《生产管理入门<2>生产资源 技术管理篇》藤本隆宏（日本经济新闻社）2001

《试论"日本式过程产业"的可行性》藤本隆宏（东京大堂 1 世纪 CEO 制造经营研究中心）MMRC Discussion Paper No. 1

《生产管理系统的推进方法》青山肇（日本实业出版社）2000

《图说"快速盈利"的制造》今冈善次郎（日本成套设备维护协会）2002

《现金流生产管理》青柳六郎太、上冈惠子合著（同友馆）2007

供应链管理相关

《从现场看到的企业战略论》藤本隆宏（KADOKAWA）2017

《需求预测入门》佳能系统解决方案数理技术部编（东洋经济新报社）2007

《制造业业务流程研修教材》Waku 咨询 2018

《目标》埃里亚夫·高尔德拉克（Diamond 公司）2001

信息系统相关

《ERP 入门》同期 ERP 研究所编（工业调查会）1997

《ERP 供应链成功的法则》同期 ERP 研究所编（工业调查会）1998

IoT AI 相关

《AI/IoT 的商业应用》伊东大辅（"当前的广岛"广银经济研究所的投稿）2017、2018

《60 分钟领会！机械学习与尝试学习超入门》机械学习研究会著/ALBERT 数据分析部安达章浩、青木健儿监修（技术评论社）2017

《IoT 给日本式制造业商业模式带来的剧变》大野治（日刊工业新闻社）2016

《机械学习启蒙》小高知宏（欧姆公司）2001

《很清楚的生产现场 IoT》工厂管理 2017 年 4 月临时增刊号（日刊工业新闻社）2017

《RPA 革命的冲击》大角畅之著/佐佐林俊尚监修（东洋经济新报社）2016

译后感

目前，关于工业 4.0、智能制造等书籍不可谓不多，有些书籍写得非常专业、深刻，然而，对于长期从事制造业工作的人，尤其是基础相对薄弱的民企中的经营者、管理者来说，对于这样的书籍，只能是一知半解，很多人的结论是："智能制造，我们是不会去想的！"而对于 IT 方面的专业人士来说，因为不了解制造的实质，尽管有了许多应用方面的知识与技能，却不知道如何去帮助制造业。因此，本书的执笔者在一开始就指出，在阅读本书前，如果通过先阅读一下《工厂管理机制》，将有益于对本书的理解。

本书通过简单的语言与生动的图片，将制造系统与 IT（IoT、云、AI）的关系进行了系统化的阐述，不仅适合于从事工厂经营管理的各级管理人员，也适合从事于工厂 IT 化的技术人员。

在最近几年，许多传统行业的民营企业都在引进类似于 ERP、MES 系统等 IT 工具，但有些企业的 ERP 虽然能提高许多方面的工作效率，有时也会给业务造成一定的障碍；有了 MES 系统，虽然可以看到现场的实时状态，看起来给管理人员带来了一定的便利。然而，如果仅有现场的信息，却不能针对现场出现的问题进行及时有效的应对，这个"便利"本身是没有价值的，因为只是知道而已，不会对现场产生任何积极的影响，反而成为"骚扰"管理者的一项负担。因此，引入这些 IT 等技术手段，本身不会改变工厂的运行体制，但没有一个完善的体制，在推进 IT 等技术的过程中，将产生各种各样的障碍。换句话说，IT 化可以使得工厂体系中的问题点暴露出来，给解决问题创造机会，这是 IT 推进中的额外"福利"，也是未来进一步推进智能化发展必须解决的问题。

这里的重点是企业如何看待这类问题。

最近，我在辅导一家从事大型装备制造的企业时，为管理人员进行了一次 5S 培训活动。其中提到了一点是："5S 可以让问题暴露无遗。"令人惊讶的是，其中有一位管理人员居然提出："为什么要让问题暴露出来，这样问题不就又多出来了吗?"在推进智能化制造的过程中，将涉及许多以前不曾关注到的问题，这类问题不进行解决，就无法进一步推进智能化制造。经营者、管理者的这种问题解决意识，是企业自我完善的根本。

同样是这家装备制造企业，在五年前就提出了设计标准化、模块化。然而，在一次品质例会上，一位技术骨干的一次发言，让我感触颇深。因为属于单件生产型企业，其中有一个零部件因产品不同，有需要预埋孔的和不可以预埋孔的。如果不需要预埋，却预埋了的话，就要在生产过程中，将孔堵上，这时，不但浪费工时，还容易因为焊堵造成零件变形，因此品质部建议把这个产品做成两种，即：有预埋孔和无预埋孔。但，技术部的回应是："现在不是要提倡标准化吗，这也是我们的标准化工作。"很多在场的管理人员无言以答。事后，我与技术部进行了探讨，大致意思如下：

如果该零件为使用频繁，且是加工周期最长的一个（瓶颈），需要长期保有库存的话，为了缩短产品交付周期、避免库存量过大（因为需要保有二种形式的零件）及批量加工的便利，可以采用同样的结构（即，有预埋孔），但实际上是因为产品大小也会经常变化，工厂无法为此提前做备库，都是接单生产的，这时，如果采用统一的结构进行所谓的标准化，虽然节约了设计的工作量，但增加了加工的成本，同时还会影响到产品的品质保障，这时就应该抛开所谓的标准化。

由此可以看到，即使在制造业中的人们，对制造方式也不能很好地理解，会造成在改善过程中多走弯路。因此，在推进IT化、智能化的时候，对生产制造系统本身的了解是何等重要！

本书作者更多的是从日本本土企业全球化发展的角度，对智能制造的必要性及体系结构进行了阐述，因为自从20世纪末开始，日本企业在全球化竞争的形势下，制造成本的劣势持续发酵，即使是很小的企业，也在考虑向海外发展。因此，一方面要考虑的是向海外发展的全球化管理，另一方面是考虑日本本土制造竞争力的提升。而目前中国随着人口红利的消失，人口老龄化越来越突出，年轻一代对工匠技艺传承的冷漠，这些问题导致中国国内的制造业也开始进入日本过去几十年的状态，即劳动力人口开始稀缺，人力成本上升导致制造成本越来越高，员工流动性越来越大，拥有特殊技能的员工越来越缺乏，甚至对管理造成了障碍——虽然有了技能高超的员工，但因为其稀缺性，企业对这类员工的管理也越来越困难。同时，也有许多企业走出国门，向海外发展。如何实现全球化、自动化、智能制造也是摆在中国制造业面前的课题。中国提出了"中国制造2025"，并制定了发展智能制造的相关政策，许多企业已经在进行各种各样的技改项目。

　　书中，对于 ERP 编号规则等，叙述了当时日本许多企业采用"有含义"的编号方法，对今后全球化的整合产生的阻碍，在当今中国企业集团化的发展过程中，也一定有许多企业碰到过类似的问题。因此，从一开始就采用"无含义"的编号方法，对于快速发展中的中国企业是很有参考价值的。

　　以上是我在翻译过程中的学习与体会，希望能给读者学习本书带来一点有益的参考。

东方出版社助力中国制造业升级

定价：28.00元   定价：32.00元

定价：32.00元   定价：32.00元

定价：32.00元   定价：32.00元

定价：30.00元   定价：30.00元

定价：32.00元   定价：28.00元

定价: 28.00元 定价: 36.00元

定价: 30.00元 定价: 32.00元

定价: 32.00元 定价: 32.00元

定价: 38.00元 定价: 26.00元

定价: 36.00元 定价: 22.00元

定价: 32.00 元

定价: 36.00 元

定价: 36.00 元

定价: 36.00 元

定价: 38.00 元

定价: 28.00 元

定价: 38.00 元

定价: 36.00 元

定价: 38.00 元

定价: 36.00 元

定价：36.00 元

定价：46.00 元

定价：38.00 元

定价：42.00 元

定价：49.80 元

定价：38.00 元

定价：38.00 元

定价：38.00 元

定价：45.00 元

定价：52.00 元

定价：42.00 元

定价：42.00 元

定价：48.00 元

定价：58.00 元

定价：48.00 元

定价：58.00 元

定价：58.00 元

定价：42.00 元

定价：58.00 元

定价：58.00 元

定价: 58.00 元

定价: 58.00 元

定价: 58.00 元

定价: 58.00 元

定价: 58.00 元

定价: 68.00 元

定价: 68.00 元

定价: 68.00 元

定价: 68.00 元

定价: 68.00 元

"精益制造" 专家委员会

东方出版社
广州标杆精益企业管理有限公司

日本制造业·大师课

手机端阅读，让你和世界制造高手智慧同步

片山和也：
日本超精密加工技术
系统讲解日本世界级精密加工技术
介绍日本典型代工企业

国井良昌：
技术人员晋升·12 讲
成为技术部主管的 12 套必备系统

山崎良兵、野々村洸，等：
AI 工厂：思维、技术·13 讲
学习先进工厂，少走 AI 弯路

高田宪一、近冈裕，等：
日本碳纤材料 CFRP·11 讲
抓住 CFRP，抓住制造业未来 20 年的
新机会

中山力、木崎健太郎：
日本产品触觉设计·8 讲
用触觉，刺激购买

高市清治、吉田胜，等：
技术工人快速培养·8 讲
3 套系统，迅速、低成本培育技工

近冈裕、山崎良兵，等：
日本轻量化技术·11 讲
实现产品轻量化的低成本策略

内容合作、推广加盟
请加主编微信